하브루타로
교과수업을
디자인하다

하브루타로
교과수업을
디자인하다

발행일	2018년 10월 01일 초판 1쇄 발행
	2020년 02월 17일 초판 3쇄 발행
지은이	이성일
발행인	방득일
편 집	신윤철, 박현주, 문지영
디자인	강수경
마케팅	김지훈

발행처	맘에드림
주 소	서울시 도봉구 노해로 379 대성빌딩 902호
전 화	02-2269-0425
팩 스	02-2269-0426
e-mail	momdreampub@naver.com

ISBN 979-11-89404-02-4 03370

하브루타로 교과수업을 디자인하다

이성일 지음

맘에 드림

목차

1장 하브루타로 수업을 바꾸다

2장 하브루타 수업의 기본 모형

3장 하부르타, 수업에 응용하기

4장　하브루타로 교과 수업하기

5장 하브루타로 대학 입시 준비하기

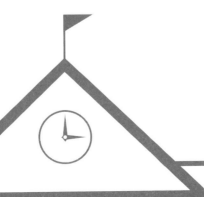

하브루타 수업의 친절한 안내서

이옥영(한국중등수석교사회 회장)

어느 날 아버지가 햇볕 내리쬐는 모래사장에서 가져오셨던 예쁜 조약돌이 기억난다. 고사리 손에 쏙 들어오는 크기와 모양이 비슷한 다섯 알의 조약돌, 그 조약돌들이 달그락거리며 부딪히는 소리가 들리는 듯하다. 아이들이 모여 앉아 도란도란 이야기하는 소리, 하하 호호 웃으며 공기놀이하는 소리가 담겨 있던 조약돌은 분신처럼 늘 내 곁에 있었다. 이 책을 보면서 나는 마치 손때 묻은 소중한 조약돌을 보는 듯한 감동을 느꼈다.

교사라는 이름으로 날마다 교실 문을 열고 들어가 학생들을 만난다. 하지만 어느 때부터인가 교과서 지식만을 앵무새처럼 가르치는 내 모습을 발견할 때면 부끄러움에 고개가 절로 숙여진다. 학생들과 함께 호흡하면서 배움에 대한 깨달음을 알아가는 수업을 할 수 있다면 얼마나 좋을까? 어느새 훌쩍 배움으로 성장한 학생들의 모습을 볼 수 있다면, 그것이 바로 교사의 보람이며 행복일 텐데 말이다.

이 책 속에는 나의 이런 바람들이 고스란히 담겨 있다. 지식이 가르침으로 끝나지 않도록 고민하고, 끝없이 개발해 학생들과 나누며, 배움에 역동적인 생명을 불어넣는다. 그 과정에서 교사와 학생은 함께 성장한다.

하브루타 수업을 고민하는 선생님들에게 이 책은 실용적인 안내서와 같다. 교사라면 누구에게나 해보고 싶은 교수 방법이 있을 것이다. 저자는 그것을 고민에서 머물지 않고 직접 연구해 적용한 뒤 피드백을 통해 발전시켰다. 이성일 수석선생님의 수업을 직접 보지는 않았지만 책을 읽는 것만으로 마치 그 현장 속에 함께 있는 듯하다. 자신의 수업 고민을 진솔하게 풀어내고 독자들과 함께 나누고자 한 마음 때문이리라. 또한 일부 교과에만 치우치지 않고 전국의 하브루타 고수 선생님들과 교류한 많은 교과 사례를 담고 있어 유익하다. 하브루타를 전 교과에 적용할 수 있도록 도와주는 눈높이 맞춤 지침서 같다.

좋은 이론과 방법을 소개하는 책들은 많지만, 그것을 풀어서 내가 쓰기 좋게 재구성해 보여주는 자료는 많지 않다. 그런데 이 책은 그러한 고민까지 세세하게 다루고 있다. '변화의 소용돌이 속 고등학교 교실 수업을 과연 변화시킬 수 있을까?' 하는 우려의 목소리에 긍정적인 나침반 역할을 해준다.

하브루타는 질문하고, 말하고, 논쟁하며, 상대 의견을 수렴하게 한다. 여러 생각을 취사선택해 문제를 해결하고 확장된 사고력으로 집단 지성의 힘을 공유한다. 저자는 이를 입시 위주의 교육 환경 속에서 과감하게 적용했다. 학생들을 관찰해 개개인의 성장 과정을 알차게 기록함으로써 학생부종합전형에 도움을 줄 수 있다는 것도 보여주었다.

한 올 한 올 천을 짜듯 실천한 수업 사례들은 고등학교 수업 환경의 한계를 뛰어넘으려는 고민과 노력이 만들어낸 결실이다. 같은 현장의 교사로서 이렇게 귀한 자료를 엮어내어주신 이성일 수석선생님께 진심으로 존경과 감사의 인사를 드린다. 또한 수석교사는 후배 교사들에게 수업 노하우를 제공하는 수업 코칭 가이드이다. 이처럼 좋은 수업 결과물을 공유해 후배 교사들과 함께 성장하는 대화의 창으로도 이 책은 의미가 있다. 교실 현장의 고민이 묻어 있는 소중한 자료들이 계속 이어져 나오기를 기대한다.

질문하고, 경청하고, 토론하는 교실

　필자는 윤리를 전공한 교사다. 이 책 속에는 고3 교실에서 2년, 2학년 자연반 수업 1년, 1학년 통합사회 수업 한 학기, 총 3년 반 동안 하브루타를 적용한 사례가 담겨 있다. 수업 내용에 맞는 다양한 하브루타를 적용하고 이를 바탕으로 새로운 방식의 하브루타를 고안했다. 그리고 여러 수업 친구 선생님들과 수업 방법을 공유하고 협의하면서, 다양한 과목별 하브루타 수업 사례를 포함했다. 사례마다 상세한 절차와 활동지를 담아서 누구나 수업에 바로 적용하고 쉽게 따라 할 수 있도록 했다.

　4차 산업혁명과 입시 제도의 변화, 과정 중심 평가 확대, 2015 교육과정 등은 수업의 변화를 요구한다. 이제 교사가 말하고 학생이 듣는 수업은 창의력이 요구되는 미래 인재상 양성에 적합하지 않다. 또한 이제까지 수능 등 입시를 위한다는 명분으로 강의 수업을 진행해왔지만, 이는 학생 활동을 통해 학업 역량과 자기 주도성을 확인하는 최근 입시 제도와도 맞지 않다.

세상에는 다양한 운동이 있지만 나에게 맞는 운동은 따로 있다. 다른 사람이 골프나 축구를 잘한다고 해서 나에게도 꼭 그런 것은 아니다. 운동 신경이 둔한 필자는 축구나 배구 등은 질색이다. 대신 순발력을 요구하지 않는 걷기나 등산으로 체력을 관리한다. 세상에서 제일 좋은 운동은 없다. 나에게 맞는 운동이 있을 뿐이다. 마찬가지로 세상에서 제일 좋은 수업 방법은 없다. 따라서 나에게 맞는 수업을 찾아야 한다.

거꾸로 교실, 배움의 공동체, 협력 학습, 토의·토론, 프로젝트 수업 등 이미 검증된 다양한 학생 참여 수업이 있다. 필자는 윤리라는, 토론 수업이 쉬운 과목으로 20년 이상 강의로만 수업을 진행하면서 이제야 나에게 맞는 수업 방법을 찾았다. 수업에서 학생들이 생각하고, 말하고, 쓰면서 함께해야 한다고 생각했다. 그것이 바로 하브루타이다. 어떤 운동이든 종목에 상관없이 필요한 것이 기초 체력이다. 마찬가지로 어떤 학생 참여 수업도 말하기와 토론이 필요하다. 하브루타는 모든 수업 방법의 기초 체력과 같은 것이다.

하브루타는 교사 입장에서 쉽다. 오랜 연수를 받거나 별도의 학생 활동을 구안하기 위해 노력할 필요가 없다. 하브루타를 위한 교사의 역할은 하나다. 바로 말을 줄이는 것이다. 대신 아이들이 말하게 한다. 방법도 간단하다. 교과서를 읽고 질문을 만들게 하

하브루타로
교과수업을
디자인하다

면 된다. 그리고 질문에도 교사가 답하지 않는다. 아이들이 질문하고 아이들이 답한다. 아이들은 질문을 만들면서 교과서를 반복해서 읽는다. 질문에 답하기 위해서 경청하고, 생각한다. 이것이 전부다.

하브루타의 효과는 이미 검증되었다. 하브루타는 2015 교육과정에서 밝힌 창의적 인재의 핵심 역량인 '창의적 사고 역량', '의사소통 역량', '공동체 역량'을 키울 수 있다. 21세기 인재에 필요한 능력인 4Cs, 즉 비판적 사고(Critical Thinking), 창의성(Creativity), 의사소통 능력(Communication), 협업 능력(Collaboration)도 말하는 수업인 하브루타를 통해 함양할 수 있다.

이 책의 1장에서는 하브루타가 왜 필요한지, 하브루타가 수업을 어떻게 바꾸는지를 이야기한다. 이와 관련해 질문하는 수업, 말하는 공부, 의사소통이 있는 교실을 제시한다. 2장은 하브루타 수업의 기본 모형을 담았다. 가장 많이 수업에 적용하는 질문 만들기 하브루타, 과제 해결 하브루타, 친구 가르치기 하브루타, 근거 만들기 하브루타, 비교 하브루타, 문제 만들기 하브루타 등을 제시한다. 3장은 하브루타를 수업에 응용한 내용이다. 기본 모형을 바탕으로 다양하게 수업에 적용했는데 주로 질문, 토의·토론, 논쟁, 친구 가르치기 등을 응용해 실천했다. 4장은 과목별 하브루타 수업 사례들이다. 국어, 수학, 영어, 통합사회, 생활과 윤리, 한국사, 사회문화, 한국지리, 과학, 음악, 미술, 가정, 한문, 체육 등의 수업 사례를 담았다. 마지막 5장에서는 하브루타가 최근 입시

제도에 맞는 수업 방법임을 설명한다. 아울러 입시에서 하브루타로 좋은 성적을 거둔 선생님의 수업 사례와 학교를 소개한다.

이 책이 나오기까지 소중한 달란트를 주신 하나님께 먼저 감사드린다. 항상 조용히 곁을 지키며 기도하는 아내와, 나와 같은 교사의 길을 걷는 아들 강현, 사랑하는 딸 현지의 응원이 큰 힘이 되었다.

하브루타에 대해 늘 새로운 영감을 주는 김정완 이사님을 비롯한 하브루타 문화협회 회원들, 평생의 수업 친구이며 수업 탐구 공동체의 기쁨을 알게 해준 융합 수업팀, 수업을 공유한 신선여고 모든 선생님, 특히 수업 동아리 선생님들께 감사드린다.

소중한 수업 사례를 제공해주신 이옥영, 이준만, 장경석, 고은경, 김종일, 안지혜, 문세희, 최고은, 설운용, 박수영, 한은선, 김주희, 황경숙, 김문자, 김희라, 양수진, 안수환 선생님의 도움에도 진심으로 감사드린다. 마지막으로 부족한 원고에 좋은 옷을 입혀준 '맘에드림' 출판사, 그리고 함께 수업을 만들어가는 신선여자고등학교 학생들에게 감사한 마음을 전한다.

울산에서 이성일

1장

하브루타로
수업을 바꾸다

에디슨, 마르크스, 피카소, 록펠러, 퓰리처, 프로이트, 빌 게이츠, 스티븐 스필버그. 하워드 슐츠(스타벅스 창립자), 마크 저커버그(페이스북 창립자), 세르게이 브린(구글 창립자), 밥 딜런, 조지 소로스, 워런 버핏, 앨빈 토플러.

이들은 모두 유대인이다. 그리고 역대 노벨상의 30퍼센트에 가까운 수상자가 유대인이다. 그들은 세계 인구의 0.2퍼센트에 불과하다. 하지만 위의 사람들을 보면 현대 문명의 많은 부분이 유대인에 의해 이루어졌음을 알 수 있다. 그리고 많은 사람들이 유대인 힘의 원천을 하브루타에서 찾는다.

하브루타는 단순한 공부 방법이 아니라 유대인의 문화이다. 유대인들은 노벨상과 아이비리그 대학을 목표로 하브루타를 한 것이 아니다. 가정에서 부모와 자식이 대화와 토론을 하고, 친구나 동료와 짝을 이루어 질문하고 논쟁하는 것은 오래된 그들의 전통이고 문화이다. 그들은 하나님의 말씀대로 살기 위해 토라나 탈무드를 공부할 때 짝을 지어 묻고 답하면서 공부했고, 이것이 토론과 논쟁으로 연결되었다. 이러한 유대인의 문화가 오늘날 세계를 변화시키는 유대인 저력의 원천이 되었다.

오래된 유대인의 문화가 오늘날 대한민국의 학교 현장에서 바람을 일으키는 이유가 무엇일까? 그것은 하브루타가 4차 산업혁명 시대가 요구하는 미래 인재 양성에 적합한 공부 방법이기 때문이다. 하버드 교육대학원 토니 와그너는 《이노베이터의 탄생》[1]에서 '세상을 바꿀 인재는 어떻게 만들어지는가?'를 질문하고 다음

네 가지로 정리했다. 첫째, 적절한 의문을 제기하는 습관이자 보다 깊이 있게 이해하고자 하는 욕구로서의 호기심. 둘째, 자신과 전혀 다른 관점과 전문 지식을 지닌 사람의 이야기를 듣고 그들에게 배움으로써 시작되는 협력 작업. 셋째, 종합적 또는 통합적 사고. 넷째, 행동과 실험 지향적인 성향이다.

이러한 인재 양성에 적합한 교육 방법이 하브루타이다. 하브루타는 질문하고, 짝과 논쟁하는 가운데 배우며, 생각하고 실천하는 공부이기 때문이다. 하브루타로 미래 변화를 주도할 창의융합형 인재, 수동적인 문제 풀이형 인간이 아닌 능동적인 문제 해결형 인간을 양성할 수 있다.

우리는 지난 백여 년의 비교적 짧은 기간 동안 농업 시대, 산업 시대, 정보 시대를 거쳤고 지금은 4차 산업혁명 시대에 살고 있다. 과거 농업 시대에는 경험 많은 노인이, 산업 시대에는 지식이 많은 교사가 교육을 주도했다. 따라서 지식을 가장 쉽고, 짧은 시간에, 많이 전달하는 방법인 강의식 수업이 유효했다. 하지만 지금은 남의 질문에 답하는 시대가 아니라 스스로 의문을 제기하고 해결하기 위해 애쓰는 질문의 시대이다. 이러한 시대에 맞는 인재상은 외워서 많이 알고 있는 사람이 아니라 정보를 창출하고 빠른 변화에 대응하는 사람이다. 이를 위해 다양한 정보를 융합하는 사고와 창의적 사고가 필수적이다.

---

1. 토니 와그너, 《이노베이터의 탄생》, 고기탁 옮김, 열린책들, 2013

이러한 능력을 기르기 위해서는 지식 전달 위주의 공부가 아닌 질문하는 공부가 되어야 한다. 짝을 이루어서 말하는 가운데 끊임없이 생각을 연결하는 공부법, 그것이 바로 하브루타이다. 필자는 우리나라 교실에서 하브루타를 해야 하는 이유로 질문하는 수업, 말하는 공부, 의사소통이 있는 교실을 제시한다.

질문은 하브루타의 꽃이다

질문은 하브루타의 시작일 뿐 아니라 모든 학문의 출발이다. 학문을 한자로 풀이하면 배울 학(學)과 물을 문(問)으로 구성되어 있다. 공부는 배우고 질문하는 것이며, 배움은 곧 물어보는 것이다. 소크라테스는 묻고 답하는 문답법을 통해 제자들을 깨우쳤고,《논어》도 제자의 질문에 대한 공자의 대답으로 이루어진 내용이 많다. 더욱이 공자는 "신분이나 나이가 낮은 사람에게 묻는 것을 부끄럽게 여기지 않는다(不恥下問)"는 말을 통해 진실로 배우기를 좋아하는 사람이라면 그 누구에게라도 물어야 함을 강조했다. 또한 선(禪)불교의 화두도 "이 뭣고?"와 같은 질문으로 깨달음을 구한다.

《정의란 무엇인가》의 마이클 샌델도 끊임없이 질문하는 강의로 유명하다. 그의 '정의(Justice)'는 지난 20년간 하버드대에서 가장 인기 있는 강의로 꼽히며 1만 4,000명에 이르는 하버드 대학생들이 수강했다. 그의 강의는 유튜브에서 '마이클 샌델 하버드 특강'을 검색하면 볼 수 있다. EBS〈신년 기획 - 하버드 특강 '정의'〉 '벤담의 공리주의' 편을 보면 그는 다음과 같은 질문으로 강의를 시작한다. "자신이 전차 기관사라고 가정해봅시다. 전차는 시속 100킬로미터 정도로 달리고 있는데 선로 앞쪽에 작업 중인 인부 다섯 명이 보입니다. 그런데 브레이크가 고장이 났습니다. 그러던 중 당신의 시야에 오른쪽으로 난 비상 철로 끝에 한 명의 인부가 일하고 있는 게 보였습니다. 핸들을 돌려 한 명을 희생할 것인가? 아니면 그대로 앞으로 계속 갈 것인가? 어떻게 하는 것이 옳을까요?" 이후 계속 상황을 바꾸어 학생들을 생각하게 하는 질문을 이어간다.

우리나라에서 탈무드와 하브루타를 가장 오래 연구한 전문가 중의 한 사람인 김정완 탈무드 원전 연구소 소장은 EBS〈미래강연Q〉 '탈무드와 하브루타' 편에서 방청객으로부터 다음과 같은 질문을 받는다. "유대 교육이 우리 교육과 맞지 않다고 봅니다. 우리 교육에 유대 교육이 적용될 수 있을지 궁금합니다". 그는 이렇게 대답한다. "유대 교육과 우리 교육을 어떻게 접목할까? 저는 가장 중요한 부분은 질문이라고 생각합니다. 질문은 모든 배움의 기초이기에 모든 배움에는 질문이 먼저 주어져야 합니다. 유대인이 중요하게 여기는 질문이라는 키워드는 우리에게도 절실합니다."

그는 방송에서 다음과 같은 하브루타 격언을 소개했다. '스승으로부터 많이 배웠고, 동료들로부터 더 많이 배웠고, 학생들로부터 가장 많이 배웠다'. 제자들의 다양한 질문을 통해 스승은 연구하게 되고, 아울러 스승의 배움이 깊어진다는 의미이다. 결국 스승은 설명으로 학생을 가르치지만, 학생은 질문으로 스승을 가르친다는 것이다. 그는 이를 교학상장(敎學相長)으로 설명한다. 질문과 가르침으로 서로 성장한다는 것이다. 또한 질문하기는 질문에 알고자 하는 의지를 더한 행위이며, 호기심을 자극해 학습동기를 발현시킨다고 강조한다.

이제 수업 시간에 아이들이 질문하게 해야 한다. 국어 시간에 교사의 설명만으로 소설이나 시를 가르치는 수업은 지양해야 한다. 그러한 교육으로 아이들이 문학 작품을 좋아하게 만들기는 어렵다. 소설이나 시 수업의 목적은 아이들이 작품을 읽은 후 감동하고, 감상할 수 있는 능력을 키우는 데 있다. 나아가 좋아서 다른 소설이나 시를 찾아 읽게 하는 수업이어야 한다. 그 가운데 작품을 사회 현실이나 자신의 삶과 연결하게 해야 한다. 그런 수업이 되기 위해서는 아이들이 작품을 읽고 질문하게 해야 한다. '왜 작가가 그런 작품을 썼을까?', '왜 주인공은 그런 행동을 했을까?', '나라면 어떻게 했을까?' 등의 질문을 통해 아이들의 생각을 끌어내야 한다. 이는 작품을 깊이 이해하는 데도 도움을 줄 수 있다.

윤리 수업에서 교사가 소크라테스, 칸트, 벤담 등 사상가의 주장을 설명하는 것만으로 끝내서는 안 된다. '왜 소크라테스가 너 자신을 알라고 했을까?', '왜 칸트는 나쁜 결과가 예상되는 경우에도 보편적인 도덕 법칙의 준수를 요구했을까?', '벤담이 말한 최대 다수의 최대 행복이 입법 원리가 될 때 그 사회는 정의로운가?' 등의 질문을 통해 학생들이 사상가에게 다가가게 해야 한다. 유명한 사상가의 주장을 듣고 암기하는 것보다 '왜 그 사상가가 그런 주장을 했는가?', '그 주장이 과연 정당한가? 문제점은 없는가?' 등의 질문을 통해 수업 시간에 비판적 사고 능력을 키워야 한다.

이를 반영해 최근 교과서는 학생 참여 중심의 질문하는 교과서로 구성되어 있다. 답을 주는 대신 질문하는 교과서로, '무엇이 궁금한지', '어떻게 협력할 것인지', '그래서 무엇을 배웠는지', '내 삶에 적용한다면?' 등 일련의 질문과 활동을 학생들에게 단계적으로 제시하고 있다.[2]

경인교대 정혜승 교수는 학생 참여 수업의 관건은 질문하는 교과서라고 밝히며, 다음과 같이 그 중요성을 강조했다. "학생은 단지 답하는 존재가 아니라 스스로 질문하고 답을 찾는 탐구자이며, 교실은 학생들이 협력해 문제를 해결하는 탐구 공동체이다. 교과서가 교실을 탐구 공동체로 만드는 매개물이 되려면 어떤 질문을 해야 하는지 모범을 보여주고, 나아가 학생들이 이들 질문을 충분히 익히고 자기 질문을 하도록 구성해야 한다".

이어령 교수는 《생각 깨우기》에서 "자기 안에 물음표가 없어서 아무것도 묻지 못하는 사람은 건전지를 넣고 단추를 누르면 그냥 북을 쳐대는 곰 인형과 다를 것이 없다"라고 말한다.

---

2. 교육부 보도자료, '질문하는 교과서'로 학교 수업 바뀐다, 2018. 5. 1

이는 글을 읽고 외우는 수동적인 공부로는 미래사회에 대비할 수 없다는 점을 강조한다. 질문은 능동적이고 주체적인 공부이다. 왜냐하면 질문에는 알고자 하는 의지가 포함되어 있으며, 비판 없이 받아들이는 것이 아니라 자기의 생각을 포함하기 때문이다. 따라서 교사는 수업에서 질문하는 문화를 만들어야 한다. 학생들이 수동적인 교실에서 능동적인 교실로 바꾸어야 한다. 교사가 정답을 이야기하는 수업에서 학생들이 질문하는 수업이 되어야 한다. 학생이 모르는 것은 잘못이 아니지만, 질문하지 않는 것은 잘못이다. 필자는 수업에서 질문이 있어야 하는 이유를 다음 네 가지로 정리하고자 한다.

첫째, 질문은 모든 학문의 출발점이기 때문이다. 학문은 자연과 사회에 대해 '왜 그럴까?'라는 질문을 던지고 해답을 찾는 과정에서 출발했다. 철학자들은 사회와 인간에 대해, 과학자들은 우주와 자연에 대해 질문한다. 아리스토텔레스는 '어떻게 하면 행복할 것인가'에 대한 질문으로 그의 사상을 정립했다. 뉴턴은 '왜 사과가 땅으로 떨어지는가'에 대한 질문으로 만유인력의 법칙을 발견했다. 세상에 대한 호기심과 질문은 학문 발전의 원동력이다. 이제는 기존의 철학자와 과학자가 이루어낸 결과를 공부하는 데 만족해서는 안 된다. 그들의 사상과 업적에 대한 질문은 또 다른 학문의 발전을 초래한다. 이처럼 질문은 모든 학문의 출발점이다.

둘째, 질문은 문제를 해결한다. 호기심은 질문을 낳고, 질문은 답을 낳는다. 질문 자체에 답의 실마리가 있기 때문이다. 도로시 리즈는《질문의 7가지 힘》에서 질문의 첫 번째 힘으로 "질문을 하면 답이 나온다"라고 말한다. 질문은 신경계를 자극해서 뇌세포를 활동하게 하고, 자신도 모르는 사이에 답이 튀어나오게 한다는 것이다. 학생들은 질문을 만들고 짝과 이야기한다. 이 과정에서 자연스럽게 문제를 해결하게 된다. 이호선은《질문이 답이다》에서 '배움은 질문으로 시작하며 질문을 통해 얻는 지식이 진짜 지식'이라고 주장한다. 김혜경 질문배움연구소 소장은《하브루타 부모 수업》에서 "왜?"라는 질문으로 공부를 시작하는 사람은 "어떻게?"의 해답을 더 빨리 찾는다고 말한다. 질문에 문제 해결의 열쇠가 있기 때문이다.

셋째, 질문은 공부와 삶을 연결한다. 우리나라에서 모든 공부는 시험과 연결되어 있다. 시험이 공부의 목적이다. 하지만 모든 공부의 원래 목적은 배운 내용을 삶과 연결하고, 삶을 풍요롭게 하는 데 있다. 필자는 교사 대상 연수를 할 때 나태주의 〈풀꽃〉이라는 시로 질문 만들기 활동을 한다. 한 선생님이 다음과 같은 질문을 만든 적이 있다. "왜 오래 보았는데, 자세히 보았는데, 우리 남편은 사랑스럽지 않나요?" 웃기면서도 슬픈 질문이었지만 필자는 그 질문에 중요한 의미를 부여했다. 시를 자신의 삶과 연결했기 때문이다. 교사의 강의를 듣는 것은 시험을 위한 공부이지만, 질문하는 것은 삶과 연결하는 공부이다. 시험을 위한 공부는 시험이 끝나면 잊어버린다. 그러나 삶과 연결된 공부는 실력이 되어 자신과 세상을 변화시킨다.

넷째, 철학하는 공부를 하게 한다. 플라톤은 철학은 경이와 호기심으로부터 시작된다고 말했다. 호기심은 질문과 생각으로 이어진다. 질문은 배움을 넘어서 학생을 철학자로 만든다. 필자는 이제까지 20여 년간 윤리 수업을 하며 학생들에게 수십 명의 사상가를 가르쳤다. 가르친 내용은 교과서에 그대로 있었으며, 학원 강사도, 인터넷 강사도 똑같은 내용을 가르친다. 나는 생각하는 철학이 아닌, 이미 죽은 철학자들의 말을 가르쳤다. 학생들의 입장에서는 시험을 위해서 사상들을 암기했기 때문에 진정한 의미의 철학을 할 수가 없었다. 하지만 철학자들에게 질문하면 상황이 달라진다. 소크라테스의 '너 자신을 알라'라는 말을 모르는 사람은 없다. 하지만 학생들이 '자신을 안다는 것은 무엇을 안다는 것인가?', '자신을 알기 위해 어떻게 해야 하는가?', '나는 자신을 알고 있는가?', '왜 자신을 알아야 하는가?' 등의 질문을 하게 되면 그 순간 질문자를 철학자가 되게 한다. 이는 수동적인 공부가 아닌 주체적인 공부를 하게 됨을 의미한다.

미국의 생태 시인 메리 올리버는 산문집 《휘파람 부는 사람》에서 이렇게 말한다.

이 우주가 우리에게 준 두 가지 선물
사랑하는 힘과 질문하는 능력.

말은 생각이 되고 생각은 실력이 된다

우리 문화는 말하지 않는 것을 미덕으로 여겨왔다. 필자가 학생이었을 때 선생님이 가장 많이 하는 말 중의 하나가 "조용히 해"였다. 영어 시간에 배운 "Be quiet!"가 친구들 간에 자주 오갔다. 항상 칠판에는 '실내 정숙'이라는 구호가 적혀 있었다. 밥 먹을 때도 말하지 않는 것이 예절이었다. 그렇다 보니 정작 말을 해야 할 때 말하지 못하게 된다. 심지어 교사가 질문해도 학생은 대답하지 않는다. 2010년 방한 당시 기자 회견 직후 오바마 대통령이 한국 기자들에게 질문할 기회를 주었지만 꿀 먹은 벙어리가 된 한국 기자들의 사연은 무척이나 유명하다.

수업 시간에 아이들이 말하게 하고, 설명하게 해야 한다. 설명할 수 있으면 제대로 아는 것이고, 설명할 수 없으면 제대로 모르는 것이다. 인지심리학자들은 세상에는 두 가지 종류의 지식이 있다고 말한다. 첫 번째는 내가 알고 있다는 느낌은 있는데 설명할 수는 없는 지식이고, 두 번째는 내가 알고 있다는 느낌뿐만 아니라 남들에게 설명할 수도 있는 지식이다. 두 번째만 진짜 지식이며 내가 쓸 수 있는 지식이다.[3] 수업 시간 내내 교사가 설명한다면 교사만 제대로 공부하게 되고, 학생들은 얼마 지나지 않아 모두 잊고 만다.

---

3. 김경일, 〈또 다른 지적 능력 메타인지〉, 네이버 지식백과, 2011. 8. 29

말하는 공부가 중요한 이유는 메타인지 때문이다. 메타인지는 자신이 아는지 모르는지 성찰하는 능력, 자신의 생각에 대해 생각하는 능력이다. 한마디로 아는 것과 모르는 것을 구분하는 능력이다. KBS 〈시사기획 창〉 '전교 1등은 알고 있는 공부에 대한 공부' 편에서는 우등생의 공통점은 높은 메타인지이며, IQ보다 메타인지가 성적을 더 잘 예측하는 변수라고 한다. 말을 해보면 자신이 아는지, 모르는지 깨닫게 된다. 친구의 질문에 제대로 설명할 수 없을 때, 안다고 생각한 것이 사실은 알지 못한다는 것을 알게 된다. 소크라테스의 '너 자신을 알라'도 자신이 모르고 있음을 깨달을 때, 참다운 앎으로 나아갈 수 있음을 강조한다. 공자가 '아는 것을 안다고 하고, 모르는 것을 모른다고 하는 것이 곧 아는 것(知之爲知之, 不知爲不知, 是知也)'이라고 한 말도 정확히 메타인지를 설명하고 있다. 이는 아는 것과 모르는 것을 명확히 구분하는 것이 진정한 앎이라는 의미이다.

《메타인지와 말하는 공부》에서는 메타인지란 내가 무엇을 알고 무엇을 모르는지 정확히 알고, 내가 하는 행동이 어떠한 결과를 가져올 것인지를 알고 기대하는 능력이라고 정의한다.[4] 그리고 4차 산업 시대의 미래 핵심 역량을 가진 창조적 인재로 키우기 위해서는 공부하는 방법을 바꾸어야 한다고 주장한다. 즉, 다른 사람과 토론하며 질문하고 논쟁하는 공부, 한마디로 '말하는 공

---

4. 김판수·최성우·양환주, 《메타인지와 말하는 공부》, 패러다임북, 2017

하브루타로
교과수업을
디자인하다

부'를 해야 한다는 것이다. 그래야 지식을 자신의 관점에서 해석하고 비판적으로 평가하며, 나아가 자신만의 창의적인 생각을 만들어낼 수 있는 사람으로 성장한다는 것이다.

최근 교실 수업 개선을 위한 다양한 수업의 공통점은 말하기이다. 토론 수업, 거꾸로 교실, 배움의 공동체, 하브루타의 가장 핵심은 교사가 말하는 것이 아니라 아이들이 말하는 것이다. 학생들은 말하기를 통해 수업에 능동적으로 참여하고, 자기 생각을 정리하며, 오래 기억할 수 있다. 수업 시간에 말하기를 통해서 자신이 알고 있는 것과 모르는 것을 명확히 알 수 있다. 제대로 말하지 못했을 때 그 부분을 복습해서 제대로 알 수 있게 된다.

수학 시간에 교사 혼자 칠판을 가득 채우며 말해서는 안 된다. 공식을 적용한 문제 풀이 이후, 모둠에서 친구들이 서로 묻고 설명하게 해야 한다. 모르는 문제가 나오면 선생님에게는 질문하기 어렵지만 친구에게는 그렇지 않다. 또한 선생님의 설명보다 친구의 설명이 더 이해하기 쉬운 경우가 많다. 국어 시간에 교사가 작품의 모든 것을 설명해서는 안 된다. 아이들이 각자 입장에서 작품에 다가서고 자신의 생각을 친구와 나눌 수 있도록 해야 한다. 사회 시간이 교사의 말로만 채워져서는 안 된다. 설명 이후 적절한 모둠 과제를 제시해 배운 내용을 바탕으로 협력해 문제를 해결하게 해야 한다. 이 모든 것들이 바로 말하는 수업이다.

하브루타는 말하는 공부이다. 말은 생각이 입을 통해 나오는 것이다. 따라서 말은 생각이다. 한편으로 생각은 말을 통해서 정리

되고 명료화된다. 전성수 교수는 "말은 생각 없이 할 수 없고, 말은 생각을 부르며, 생각이 생각을 부른다"라고 했다. 하브루타는 같은 교재를 두고 짝과 질문하고 논쟁한다. 듣고 외우는 공부는 시험 한 번 보면 잊어버린다. 하지만 말하고 논쟁한 공부는 오래 기억에 남아 실력이 된다. 수업 시간에 교사 혼자서 말하면 교사 혼자서 공부하는 것이다. 이제 수업 시간에 아이들이 말하게 해야 한다. 하브루타는 짝과 말하고, 모둠에서 말하고, 전체에게 말한다. 수업에서 아이들이 말하게 하는 것은 교사의 의무이다.

교실 속 의사소통이 활발해진다

미국의 경영학자 피터 드러커는 "인간에게 가장 중요한 힘은 표현력이며 현대의 경영이나 관리는 커뮤니케이션에 좌우된다", "내가 무슨 말을 했느냐가 중요한 것이 아니라 상대방이 무슨 말을 들었느냐가 중요하다"라는 말로 의사소통의 중요성을 강조했다.

미래 사회에는 의사소통 능력이 요구된다. 21세기 인재에게 필요한 능력인 4Cs에도 문제에 대해 자신의 안목을 가지는 비판적 사고(Critical Thinking), 남과 다르게 생각하는 창의성(Creativity), 함께 일하는 협업 능력(Collaboration)과 함께 경청하고 공감하는 의사소통 능력(Communication)이 포함된다. 또한 2015 교육과정에서도 미래 사회 창의융합 인재의 핵심 역량으로 의사소통 역량을 포함한다.

의사소통 능력은 자기 생각을 잘 전달하고, 다른 사람의 의견을 수용하는 능력이다. 단순히 자신이 하고 싶은 말을 잘하는 것이 아닌, 상대의 관점을 고려해서 듣고 말할 수 있어야 한다. 이를 위해서 평소에 자신의 의견을 말하고, 상대의 말을 경청하는 기회가 많이 제공되어야 한다. 짝과 함께 공부하면서 대화하고 논쟁하는 하브루타는 이런 기회를 가장 많이 제공하는 수업이다.

세계적인 탈무드 학자인 헤츠키 아리엘리는 의사소통 방법으로 다른 사람의 말을 이해하는 '듣기', 다른 사람의 글을 이해하는 '읽기', 타인에게 자기 생각을 말로 표현하는 '말하기', 글로 표현하는 '글쓰기'를 제시한다. 하브루타는 이해하는 과정인 듣기와 읽기 능력이 향상되고, 자기 생각을 표현하는 능력인 말하기와 쓰기 능력을 키우는 데 탁월하다.

과거 우리 사회 질서는 위에서 아래로 전달하는 하향식이었다. 수업도 교사의 지식을 전달하는 강의식이었다. 학생은 자기 의견을 말하기 어려웠고, 반론은 권위에 대한 도전으로 여겨졌다. 수직적 교육은 경험이 중요한 농경사회, 표준화된 상품을 대량 생산하는 산업사회, 수직적 조직 관리가 필요한 관료제에서는 타당한 방법이다. 하지만 현대 사회는 기존의 지식보다 모든 정보가 서로 연결되는 사물 인터넷 시대, 구성원 간에 협업과 배려가 강조되는 팀워크 시대이다. 이처럼 새로운 정보 창출과 창의력, 문제 해결 능력이 필요한 4차 산업혁명 시대에 더 이상 이러한 질서는 유용하지 않다.

맨체스터 유나이티드 시절 퍼거슨 감독은 "팀보다 위대한 선수는 없다"라는 말로 팀워크의 중요성을 강조했다. 배리 리버트는 《나보다 똑똑한 우리》에서 "한 명의 천재보다 백 명의 우리가 낫다"는 말로 집단 지성의 힘을 강조한다. 많은 기업 인사 담당자는 적극적인 소통으로 조직 간 협력을 끌어낼 수 있는 인재를 요구하고 있다. 팀워크와 집단 지성을 발휘하기 위해서는 다른 사람과 협업하고 소통해야 한다. 이를 위해서는 말하고 경청하는 습관이 필요하다. 이것이 교실에서 이루어져야 한다.

지식을 단순히 전달하는 강의식 수업은 시대에 맞지 않다. 한 시간 내내 강의만 하던 수업을 조각내어 강의와 학생 활동이 함께 이루어져야 한다. 학생 참여 수업으로 지식을 삶과 연결하고 문제를 해결하게 해야 한다. 이러한 수업이 되기 위해서는 수평적 관계에 바탕을 두고 구성원 간에 활발한 의사소통이 이루어져야 한다. 바로 이런 수업이 하브루타이다.

독일 철학자 게오르그 가다머는 세상을 바라보는 인간의 관점을 '지평'이라는 개념으로 설명했다. 지평은 한 사람이 쌓은 경험이다. 따라서 지평은 세상을 바라보는 기준이 되고, 동시에 그 너머를 볼 수 없는 한계점이 된다. 자신만의 지평으로 세상을 바라볼 때 선입견이 된다. 가다머는 누구나 선입견을 가지고 있다고 말한다. 중요한 것은 대화와 토론을 통해서 자신의 의견을 수정하고 다른 사람과 의견 일치를 보는 것이다. 그는 이런 의견 일치를 '지평 융합'이라고 표현했다.[5] 이러한 지평 융합을 위해 가장 필요한 것이 바로 의사소통 능력이다. 하브루타는 말하고 토론하는 공부이며, 그 자체가 의사소통이다. 이는 지평 융합을 통해 세상을 보는 눈을 넓히고, 다양한 관점으로 보게 하고, 사고의 폭을 넓혀 문제 해결력을 키운다.

하브루타는 파트너와 함께 토론하고 논쟁하며 공부하는 것이다. 파트너는 대부분 친구나 동료이며 수평적 관계이다. 서로 동등한 입장에서 질문을 만들고, 주장에 대한 합당한 이유를 가지고 상대방을 설득한다. 이때 필요한 것이 경청과 수용의 자세이다. 상대방의 이야기를 잘 듣고, 자기 생각과 비교해 필요한 경우 상대방의 의견을 받아들여야 한다. 이러한 수평적 인간관계에서 의사소통이 자유롭게 이루어진다. 또한 토론과 논쟁 과정에서 다양한 시각과 관점을 갖게 된다. 하브루타를 통해 수업에서 활발한 의사소통이 이루어진다. 아울러 말하고 발표할 기회가 많아 발표력이 향상된다. 짝 토론을 통해 학급 전체 인원이 수업에서 말하고, 모둠 발표를 통해 학급 인원의 4분의 1이 발표 기회를 얻는다.

---

5. 조극훈, 《가다머가 들려주는 선입견 이야기》, 자음과모음, 2006

배움과 가르침이 함께 이뤄진다

거꾸로 교실, 배움의 공동체, 협력 학습 등 다양한 학생 참여 수업이 교실을 바꾸고 있다. 이들은 정부 주도가 아닌 교사의 자발적인 참여로 전국 단위의 교사 네트워크를 만들어 수업 변화의 바람을 확산하고 있다. 이러한 교사 수업 공동체가 교실을 바꾸고, 우리 미래를 변화시키리라 믿는다.

또한 이 같은 수업 변화의 흐름에 하브루타도 크게 기여하고 있다. 하브루타 수업의 가장 큰 장점은 쉽다는 점이다. 필자도 20여 년간 강의 수업만 하다가 변화를 모색하기 위해 50여 권의 수업 관련 책을 읽고 많은 연수를 받았지만, 수업 변화는 쉬운 일이 아니었다. 그러던 중 《질문이 있는 교실 중등편》(전성수·고현승 저)을 읽으면서 '아! 이걸 하면 되겠구나' 하는 생각이 들었다. 따로 무언가를 배울 필요가 없었다. 아이들이 질문을 만들게 하고, 배운 것을 서로 설명하게 하면 끝이었다. 교사가 할 일이란 50분 동안 하던 말을 줄이고, 아이들이 말하게 하는 것이었다. 그 후 일반계 인문 고등학교 3학년 교실을 비롯해 대부분의 수업을 하브루타로 하고 있다. 필자가 《얘들아, 하브루타로 수업하자!》에서 밝힌 하브루타 수업의 장점을 요약해 제시한다.

첫째, 교사 입장에서 수업 준비를 위한 별도의 추가 부담이 없다. 대부분의 학생 참여 수업은 수업설계에 많은 시간이 필요하다. 하지만 하브루타는 교사들의 이런 수고를 줄여준다. 질문을 만들게 하고, 배운 내용을 짝에게 설명하게 하면 된다.

둘째, 학생 입장에서 별도의 과제가 없다. 디딤 영상을 볼 필요도, 별도의 발표나 토론 준비도 필요 없다. 인터넷 검색이나 관련 자료 수집도 필요 없다. 수업 시간에 질문을 만들고, 토론하면 된다.

셋째, 교과서 활용도가 높다. 입시 위주의 고등학교 수업에서는 교과서의 역할이 줄어들 수밖에 없다. 하지만 하브루타 수업의 기본은 텍스트를 바탕으로 한 질문 만들기이다. 따라서 고3 교실에서도 학생들이 교과서를 읽는다.

넷째, 무임 승차자가 발생하지 않는다. 모둠 활동은 기본이 4명이기 때문에 1~2명이 소외될 수 있다. 하지만 짝 활동이 중심인 하브루타는 소외자가 발생하지 않는다. 모든 학생이 생각하고, 모든 학생이 말하는 수업이다.

다섯째, 과정 중심 평가와 연계 시 효과가 높다. 하브루타는 모집 인원의 70퍼센트 이상을 수시 모집으로 선발하는 현행 대학 입시의 현실에서 수업 시간 내에 이루어지는 과정 중심 평가를 통해 학생들의 참여도를 높일 수 있다.

여섯째, 학습 내용을 오래 기억할 수 있다. 하브루타는 친구 가르치기, 교과서를 보면서 질문 만들기 활동 등을 통해서 수업 내내 반복과 복습이 이루어진다. 이는 장기 기억에도 훨씬 도움을 준다.

일곱째, 수업 시간 내내 집중력을 유지할 수 있다. 미국의 교육

학자 존 켈러는 ARCS 이론에서 학습자가 집중력을 유지할 수 있는 시간은 15분 내외라고 한다. 하브루타는 '개별 활동-짝 활동-모둠 활동-쉬우르' 등 적절한 변화를 통해 수업 시간 내내 학생들의 집중력을 유지할 수 있다.

많은 교사가 갖는 토론 수업에 대한 고민 중의 하나가 진도 문제이다. 이제까지 토론 수업이 다소 이벤트처럼 실시된 경우가 많다. 하지만 하브루타 수업은 배운 후 질문하고, 해결 방안을 찾고, 친구에게 설명한다. 다시 말해 배운 내용을 바로 익히고, 친구와 생각을 나누고, 삶과 연결한다. 따라서 하브루타 수업은 진도 걱정을 할 필요가 없다. 가르침과 배움이 함께 이루어지는 수업이기 때문이다.

2장

하브루타
수업의 기본 모형

우리나라에서 하브루타가 수업에 본격적으로 도입된 것은 그리 오래되지 않았다. 그 과정에서 고(故) 전성수 교수의 역할이 컸다. 그는 '듣고 외우고 시험 보고 잊어버리고'를 반복하는 한국 교육을 바꾸기 위해 하브루타를 연구하기 시작했으며, 많은 저술과 강연 활동을 통해 확산에 크게 기여했다. 그리고 다양한 수업모형의 개발을 통해 하브루타를 우리 교실에 접목했다. 필자도 전성수 교수의 강의를 듣고 처음 하브루타를 알았고, 그의 저서를 읽고 하브루타 수업을 결심했다. 그는 하브루타를 '짝을 지어 질문하고 대화하고 토론하고 논쟁하는 것'으로 정의한다.

그가 개발한 기본적인 하브루타 수업모형은 다음과 같다.[1]

- 질문 중심 하브루타
- 논쟁 중심 하브루타
- 비교 중심 하브루타
- 친구 가르치기 하브루타
- 문제 만들기 하브루타

우리나라에서 하브루타 수업은 일반적으로 다음과 같은 절차로 진행된다.

---

1. 전성수, 《최고의 공부법》, 경향BP, 2014

- 1단계 개별 활동 : 개인별로 교과서를 읽고 질문을 만들거나, 주어진 과제에 대한 해결책을 만든다.
- 2단계 짝 토론 : 개인별로 만든 질문이나 해결 방안을 짝과 의논해 더 나은 질문이나 해결책을 선택한다. 가능한 자신의 생각이 선택될 수 있도록 최선을 다해 상대방을 설득하게 한다. 이때 활발한 대화와 토론, 논쟁이 이루어진다. 상대방의 질문을 듣는 과정에서 경청의 자세가, 질문에 답하기 위해서 사고력이, 선택하는 과정에서 수용의 태도가 길러진다.
- 3단계 모둠 토론 : 짝 토론에서 만든 질문이나 해결 방안을 모둠에서 토론해 더 나은 질문이나 해결 방안을 선택한다. 이 과정에서 내용을 가다듬어 질문과 해결 방안의 수준을 높인다. 활발한 의사소통과 사고의 확장이 일어나는 단계이다.
- 4단계 발표 : 모둠별로 질문이나 해결 방안을 발표하고 판서한다. 발표를 통해 '개별 활동-짝 토론-모둠 토론'으로 만들어진 생각이 전체와 공유된다. 다양한 질문은 사고 확장을 가져오고, 수업 내용과 연결하게 한다. 또한 모둠별 해결 방안은 하나의 문제에 대한 다양한 해결책이 있음을 알게 한다. 시간에 따라 발표를 생략하고 판서만으로 대체할 수 있다. 다양한 질문이나 해결 방안 등을 읽는 것만으로도 의미가 있다.
- 5단계 쉬우르 : 쉬우르는 유대인 전통 학교인 예시바에서 짝끼리 탈무드로 논쟁한 내용을 랍비가 전체 학생과 질문과 토론을 통해 정리하는 시간이다. 마찬가지로 교사는 이제까지 나

온 내용을 중심으로 질문과 토론을 통해 전체 학생과 나눈다. 이때도 교사는 설명보다는 수업 내용을 정리하는 질문으로 학생들의 사고를 자극한다. 또한 질문을 수업 내용과 연결해 학생들이 종합하고 정리할 수 있도록 도와준다. 이 과정에서 학생들이 빠트린 중요한 내용이 있다면 언급한다. 판서 내용에서 다수결로 최고의 질문을 선정해서 다음 시간 전체 토론으로 연결할 수도 있다. 필자는 내용 요약하기, 배우고 느낀 점, 새롭게 알게 된 점 적기 등의 수업 정리 활동을 하는 경우도 있다. 이상의 하브루타 수업 절차를 정리하면 다음과 같다.

하브루타 수업 절차

개별 활동	· 교과서 읽고 질문 만들기 · 주어진 과제에 대한 해결 방안 만들기
짝 토론	· 상대방 설득하기 · 더 좋은 질문이나 해결 방안 선택하기 · 질문과 해결 방안 수준 높이기
모둠 토론	· 활발한 의사소통 · 더 좋은 질문이나 해결 방안 선택하기 · 질문과 해결 방안 수준 높이기
발표	· 토론 내용의 전체 공유 · 학생 : 판서된 내용을 읽으면서 사고 확장 및 수업 내용과 연결
쉬우르	· 교사가 전체 학생의 질문과 토론을 정리 · 학생들이 빠트린 내용 언급 · 최고의 질문 선택 후 전체 토론으로 연결 · 수업 정리 : 요약, 배우고 느낀 점 등

단계별로 이루어지는 하브루타 수업 모습

개별 활동

짝 토론

모둠 토론

발표 및 쉬우르

　유대인의 하브루타에서 가장 중요한 것은 짝 토론이다. 짝과 질
문하고 논쟁하는 가운데 공부하는 것이다. 이는 유대인의 결핍
문화와 관련 있다. 유대인은 오랜 세월 동안 나라 없이 전 세계에
흩어져 살면서 핍박을 받았다. 상황이 그렇다 보니 학교와 스승
없이 공부해야 했다. 그 대신 아버지나 동료와 대화를 통해 공부
한 것이다. 이것이 하브루타의 유래이다.

　따라서 원래 유대인의 하브루타에는 모둠 토론이 없다. 개별 활
동으로 각자 탈무드를 읽고, 짝 토론으로 질문과 논쟁을 한다. 그
리고 랍비에 의해 쉬우르가 이루어진다. 여기서 하브루타를 우리
나라 교실 환경에 맞게 적용하기 위해 모둠 토론과 발표가 포함되

었다. 짝 토론을 전체가 공유하기란 쉽지 않기 때문이다. 하지만 6~8개의 모둠에서 이뤄진 토론 내용은 판서나 발표 등을 통해 전체와 공유하기가 쉽다.

또한 우리나라에서 기존에 하던 토의·토론 수업과의 차이점은 개별 활동과 짝 토론이 포함되어 있다는 점이다. 이전에는 교사가 과제를 주면 바로 모둠에서 토의가 이루어졌다. 이는 모둠에서 소외 학생을 낳거나, 적극적 학생 한두 명에 의해 의사가 결정되는 결과를 초래한다. 하지만 개별 활동을 통해 모든 학생이 생각하게 하고, 짝 토론을 통해 모든 학생이 말하게 하는 것이 하브루타 수업의 특징이다.

하브루타 수업의 핵심은 개인 생각을 '짝 토론-모둠 토론-발표'의 과정을 거치면서 점점 발전시킨다는 점이다. 이제부터 필자

하브루타 모형과 수업 내용

하브루타 모형	수업에 적합한 내용
질문 만들기 하브루타	내용 이해, 지식을 삶과 연결
과제 해결 하브루타	탐구 활동, 생각 열기, 문제 해결
친구 가르치기 하브루타	주요 개념 이해, 오래 기억하기
근거 만들기 하브루타	찬반 대립 주제, 논술 수업
비교 하브루타	공통점과 차이점
문제 만들기 하브루타	단원 정리, 시험 기간 전 복습
탈무드 하브루타 러닝	찬반 논쟁 토론

가 고등학교 수업에서 적용한 결과 가장 많이 사용되는 6가지 하브루타 수업 기본 모형과 탈무드 하브루타 러닝 모형을 소개하고자 한다. 각 모형에 적합한 수업 내용은 왼쪽 표와 같다.

질문 만들기 하브루타

조벽 교수는 '학생이 질문하고, 학생이 대답하는 수업'을 최고의 수업이라고 말했다. 학생들이 질문을 만들기 위해 교과서를 읽고 분석하는 과정은 매우 중요한 의미를 가진다. 질문을 만들기 위해서는 높은 사고력을 요구하기 때문이다. 또한 질문은 뇌를 자극해 사고력을 촉진한다. '왜?', '만약에?', '나라면?'이라는 질문을 통해 문제를 발견하고 끊임없이 생각하게 된다. 데카르트가 진리를 찾기 위해 끊임없이 의심한 '방법적 회의'도 결국은 질문으로 철학한 것이다.

무엇보다 질문은 높은 집중력을 요구한다. 수업 시간에 교과서를 읽으면서 질문을 만들기 위해서는 여러 번 반복하며 집중해서 읽어야 한다. 이러한 활동은 오래 기억하게 하며, 학습력을 높인다. 수업을 하다 보면 동기 유발 자료나 수업 내용과 관련된 동영상을 보여줄 때가 많다. 이때도 질문을 만들게 하면 훨씬 집중해서 시청한다.

질문 만들기 하브루타를 하는 모습

질문 만들기 하브루타의 절차는 다음과 같다.

- 1단계 개별 활동 : 각자 교과서를 읽고 질문을 3~5개 정도 만든다. 필자의 경험상 그 정도는 만들어야 의미 있는 질문이 만들어지고, 아이들의 집중력을 유지할 수 있다. 수업과 관련한 동영상을 본 후 질문을 만드는 것도 효과적이다. 통합사회 수업 시 '통합적 관점에서 기후 변화 살펴보기' 단원을 가르치던 중 기후 난민이 된 투발루 섬 주민들의 이야기를 다룬 EBS 〈지식채널 e〉 'somewhere over the rainbow'를 보게 한 후 질문을 만들게 했더니 효과적이었다.
- 2단계 짝 토론 : 각자가 만든 질문 중에서 가장 좋은 질문을 선

택한 후 상대방에게 말한다. 질문에 관해 설명하면 상대편은 설명을 듣고 자기 생각을 이야기한다. 이어 또 다른 질문을 한다. 그리고 최고의 질문을 선택한다. 이 과정에서 자연스럽게 경청과 의사소통, 수용이 이루어진다.

- 3단계 **모둠 토론** : 짝 토론에서 만든 질문을 서로 설명한 후, 모둠에서 최고의 질문을 선택한다. 그리고 모둠별로 그 내용을 칠판에 적는다.
- 4단계 **발표** : 시간 여유가 있으면 모둠별로 발표를 한다. 시간 여유가 없을 때는 다양한 질문을 읽는 것만으로도 충분히 교육 효과를 지닌다.
- 5단계 **쉬우르** : 학습목표와 가장 관계 깊은 질문을 선택해 보충 설명 및 최종 정리를 한다. 질문을 비슷한 유형끼리 묶거나 최고의 질문을 선택해 전체 학생을 대상으로 토론할 수도 있다. 이때는 가능한 아이들이 생각을 충분히 할 수 있도록 하고, 다양한 발표가 이루어지게 한다. 경우에 따라서 다음 차시에 전체 토론으로 연결할 수도 있다.

좋은 질문의 조건

활동 전에 좋은 질문의 조건에 관해 설명하는 것이 효과적이다. 필자는 다음과 같은 조건을 갖춘 질문을 좋은 질문이라고 규정하고 학생들에게 미리 설명한다.

첫째, 생각을 물어보는 질문이다. 유대인 교사는 수업에서 '마따호쉐프'를 끝없이 말한다. "네 생각은 어때?"라는 말이다. 교사는 학생의 생각을 물으며, 생각을 또 다른 질문으로 연결하는 역할을 한다. 정답이 있는 질문보다 생각을 자극하는 질문이 좋은 질문이다.

둘째, 답이 여러 개인 질문이다. 정답이 하나인 질문은 외워서 답할 수 있다. 하지만 이런 질문은 생각을 자극하지 못한다. 따라서 다양한 생각이 도출될 수 있도록 답이 정해져 있지 않은 질문이 좋은 질문이다.

셋째, 찬반 논쟁이 가능한 질문이다. 논쟁이야말로 가장 뇌를 자극하는 활동이다. 자신의 논리로 상대방을 설득하고, 상대방의 논리를 반박하는 활동은 고차원적인 사고력을 요구한다.

넷째, 키워드를 포함하는 질문이다. 학습목표에 제시되는 키워드는 단원의 전체 내용을 압축하고 있다. 따라서 이를 질문에 포함하면 수업 내용과 계속 연결하게 된다.

다섯째, 삶과 연결하는 질문이다. 모든 공부의 목적은 삶과 연결하는 것이다. 자신의 삶과 연결하고, 사회 문제와 연결하는 질문이 좋은 질문이다.

질문 생성 전략

방송인 샘 해밍턴은 MBC 〈진짜 사나이〉에서 "인생에 바보 같은 질문은 없다"고 했다. 그가 계속 질문하는 이유는 나중에 실수하지 않기 위해서라고 한다. 어리석은 질문은 없고, 질문하지 않는 어리석음이 있을 뿐이다. 이제까지 우리 교실에서는 아이들이 질문하려면 눈치를 봤다. 이에 교사는 질문하는 것 자체를 칭찬하고, 학생들이 마음껏 질문할 수 있는 수업 분위기를 조성해야 한다. 많은 교사가 아이들이 만든 질문 수준에 대해 고민한다.

필자는 다음 두 가지 방법을 학생들에게 설명한다.

- 학습목표로 질문 만들기 : 학습목표는 수업의 가장 핵심 내용이 포함되어 있다. 따라서 학습목표로 질문을 만들면 전체 내용을 이해하는 데 도움이 된다.
- '왜?', '만약에', '나라면?' 질문 만들기 : '왜?' 질문으로 이유를 생각하게 하고, '만약에' 질문으로 상상하게 하며, '나라면?' 질문으로 수업을 삶과 연결할 수 있다.

필자는 《얘들아, 하브루타로 수업하자!》에서 질문을 분류하고 연습하는 방법을 통해 질문 생성 능력을 함양하는 라파엘(Raphael)의 '질문-대답 관계(Question and Answer Relation)' 모형[2]을 소개한 바 있다.

---

2. Raphael, *Teaching Question Answer Relationships*, revisited, The Reading Teacher, 1986, pp. 516-522

구분	내용	예시
1단계	〈바로 거기에〉 질문 텍스트의 내용을 확인하는 질문으로 답이 텍스트 안에 담겨 있다.	사람, 장소, 사건 등의 사실 내용을 확인하기 위한 질문 · 낱말의 의미를 묻는 질문
2단계	〈생각과 탐색하기〉 질문 텍스트의 여러 부분을 결합해야 답할 수 있는 질문이다. 즉, 저자가 말하려는 주장이나 근거를 묻는 질문이다.	· 이 글의 주제는 무엇인가? · 이 글은 무엇을 설명하고 있는가? · 설명을 위해 어떤 근거나 예를 제시하고 있는가? · 차이점과 공통점은 무엇인가?
3단계	〈저자와 나 사이〉의 질문 나의 선행 지식이나 경험과 텍스트 안의 근거를 함께 활용해야 답할 수 있는 질문이다.	· 저자가 주인공을 통해서 말하고자 하는 바는 무엇인가? · 소설에서 저자는 왜 이렇게 결론지었을까? · 왜 저자는 이 문제에 관심을 가졌을까?
4단계	〈나 자신에게〉 질문 주제에 대한 자신의 최종 생각이나 주장을 확인하는 질문이다.	· 내가 주인공이라면 어떻게 할 것인가? · 문제에 대한 내 생각은? · 문제 해결을 위한 가장 좋은 방법은 무엇인가?

질문의 3단계

필자는 다음과 같이 3단계로 질문을 구분해 수업에 활용한다. 예시는 필자의 연수에서 교사들이 나태주의 〈풀꽃〉으로 만든 질문이다.

자세히 보아야 예쁘다

오래 보아야 사랑스럽다

너도 그렇다.

- 1단계 : 내용 이해를 위한 질문이다. 단어나 문장의 뜻을 묻는 질문이다.
  - 풀꽃은 어떤 꽃을 말하는가?
  - 얼마나 오래 보아야 하나?
  - '예쁘다'는 기준은 무엇인가?
  - '사랑스럽다'의 의미는 무엇인가?
  - '자세히 본다'는 것은 어떤 의미인가?
  - '예쁘다'와 '아름답다'의 차이는 무엇인가?
  - 실제 풀꽃이라는 이름의 꽃이 있나?

- 2단계 : 사고 확장을 위한 질문이다. 가정하기, 비교하기, 상상하기 등 비교적 높은 사고력이 필요하다.
  - 너는 누구일까?
  - 풀꽃은 누구를 비유했나?
  - 이 시의 주제는 무엇일까?
  - 작가는 왜 이 시를 썼을까?
  - 풀꽃은 왜 자세히 보아야 예쁜가?
  - 나를 다른 사람이 처음 보았을 때 어떤 느낌일까?
  - 사랑에 빠지는 방식은 사람마다 다른 것이 아닐까?
  - 오래 보아야 사랑스러운 것은 또 어떤 것이 있을까?

- 3단계 : 삶과 연결하는 질문이다. 자신 및 사회와 관련짓는 질문으로 성찰과 실천에 이르게 하는 질문이다. '나라면 어떻게 할 것인가?', '우리 사회와 어떤 관련이 있는가?' 등을 묻는 질문이다.

 - 나에게 풀꽃 같은 사람은 누구일까?

 - 내가 자세히, 오래 보아야 할 사람은 누구일까?

 - 첫인상으로 사람을 판단하는 것은 옳은 일인가?

질문의 3단계

단계	예시	질문
내용 이해 질문	· 단어나 문장의 뜻 묻기 · 육하원칙에 따라 묻기	· 문장의 속뜻은? · 누가, 언제, 어디서, 무엇을, 어떻게, 왜?
사고 확장 질문	· 가정해서 묻기 · 상상하기 · 비교해서 묻기 · 감정 묻기 · 장단점 묻기 · 느낌을 묻기 · 글의 주제 묻기 · 작가의 의도 묻기 · 문장을 통해 유추해서 묻기 · 인물의 행동 원인에 대해 묻기	· 만약 ~라면? · 이후 이야기는? · 공통점과 차이점은? · 어떤 기분일까? · 장단점은? · 어떤 느낌일까? · 글의 주제는? · 작가는 왜? · 문제점과 해결 방안은? · 주인공은 왜?
삶과 연결 질문	· 나에게 적용해 묻기 · 상대방에게 적용해 묻기 · 사회 문제와 연결해 묻기 · 옳고 그름의 가치에 대해 묻기 · 교훈이나 배울 점 묻기	· 나라면 어떻게? · 상대방은 어떻게? · 우리 사회에서는? · 옳은 방법은? · 나에게 주는 교훈은?

- 다른 사람들은 나를 오래 보았을 때 어떻게 생각할까?

- 타인에게 풀꽃같이 보이려면 나는 어떻게 해야 하는가?

- 타인에게 예쁘고 사랑스럽게 보여야 내 존재가 가치 있는가?

- 나의 삶에서 오래 볼수록 예쁘고 사랑스러운 존재가 있는가?

- 왜 어떤 사람은 오래 보고 자세히 보아도 사랑스럽지 않은가?

학생들의 질문 사례

칸트와 공리주의 수업 후 다음과 같은 질문이 만들어졌다.

- 나쁜 결과가 예상되는데 동기를 우선시해 타인에게 손해를 끼쳤다면 그 행동은 선한 행위인가?

- 공리주의에서 선의 기준은 행복과 쾌락인데, 이것은 상대적 이므로 도덕적 원리로 적합한가?

- 최대 다수의 최대 행복이 입법 원리라면 다수가 아닌 소수의 행복은 무시되어도 도덕적인가?

- 실패는 고통이다. 그렇다면 성공을 위한 과정에서 실패는 그 릇된 행위인가?

- 예외 없는 보편적인 도덕 법칙이 존재하는가?

- 공리주의 입장에서 행위 결과가 행복과 고통이 비슷한 경우 라면 어떻게 해야 하는가?

학생들의 수업 소감은 다음과 같다.

▸ 수업 시간에 책을 읽으면서 질문을 만들고, 선생님께 물어보는 것
이 아니라 친구들과 함께 토론으로 답을 찾는 과정이 참 좋았다. 대부
분의 질문이 정확한 답이 있는 것이 아니었기에 내 생각을 말하고, 친
구 생각을 듣는 자체가 즐거운 일이었다. 이 활동으로 인해 공부하거
나 책을 읽을 때 어떤 한 부분에 대해 깊게 생각해보는 습관이 생겼다.

▸ 질문을 만들기 위해서 더 집중해서 교과서를 읽었다. 질문을 친구
에게 설명하고, 내 생각을 말하는 과정에서 오래 기억하게 되어 몇 달
이 지났지만, 아직 기억에 남는다. 질문할 때 학습목표에 신경 써서 질
문을 만들다 보니까 중요한 내용을 저절로 파악하게 되었다. 그리고
친구가 만든 질문에 관해 이야기하면서 내가 미처 생각하지 못한 부
분들에 대해 놓치지 않을 수 있었고, 친구들과 질문하고 대답하는 과
정에서 내 생각을 확장할 수 있었다.

▸ 질문을 만들기 위해서 영상과 수업에 집중했고, 머리로 자꾸 생각
하게 되었다. 질문을 만들고 친구에게 설명하면서 스스로 답을 찾을
수 있었다. 성취감도 들고 배운 내용이 오래 기억에 남았다. 사회뿐만
아니라 다른 과목에서도 선생님이 가르쳐준 것만 공부하지 말고, 궁금
증을 가져야겠다고 생각했다.

개별 활동	· 교과서 읽고 질문 만들기(3~5개)
짝 토론	· 질문을 만든 이유와 질문에 대한 생각 말하기 · 역할 바꾸어 질문하고 말하기 · 좋은 질문 선정하기 : 설득하기 · 질문 다듬기
모둠 토론	· 짝 토론에서 선정한 질문 나누기 · 모둠 최고 질문 선정하기 : 설득하기 · 질문 다듬기
발표	· 질문 내용의 전체 공유 · 학생 : 판서된 내용을 읽으면서 사고 확장 및 수업 내용과 연결
쉬우르	· 질문 내용 종류별로 유목화 · 전체 학생의 질문 정리 및 수업과 연결 · 최고 질문 선정 후 전체 토론으로 연결

과제 해결 하브루타

교과서에는 단원별로 다양한 탐구 활동이 포함되어 있다. 탐구 활동은 수업 내용을 바탕으로 학생들의 활동을 통해 학습 내용을 심화시키는 역할을 한다. 특히, 최근 교과서에는 다양한 활동들이 그 내용에 포함되어 있다. 과제 해결 하브루타는 이를 하브루타로 해결하는 것이다. '생각 열기' 활동이나 교사가 수업과 관련한 심화 과제를 내줄 수도 있다.

필자는 20여 년간 교과서에 있는 이러한 탐구 활동을 한 번도 수업에 활용하지 않았다. 50분 동안 오직 강의만으로 수업을 채웠다. 그렇다 보니 불필요한 이야기가 수업에 넘쳐났다. 수업 내내 교사는 계속 말하는 것이 의무라는 잘못된 신념 때문이었다.

하지만 하브루타를 도입한 이후 탐구 활동은 수업의 가장 중요한 요소가 되었다. 탐구 활동에 나온 과제는 교과 내용에 대한 깊이 있는 사고를 요구한다. 또한 배운 내용을 사회 문제로 확장한다. 이러한 탐구 활동은 혼자 해결하는 것보다 함께 해결하는 것이 훨씬 효과적이다. 교육심리학자 비고츠키는 근접발달영역 이론을 통해서 학습자는 혼자서 해결할 수 있는 것보다 약간 더 어려운 문제를 통해서 학습 효과를 높인다고 주장한다. 다른 학습자와 협동해서 과제를 해결하고, 이 과정에서 대화와 서로의 도움으로 성공적인 학습이 일어난다는 것이다. 또한 사토 마나부 교수의 '배움의 공동체'에서도 교과서보다 높은 수준의 점프 과제를 제시한 후, 모둠 토론으로 해결하게 해서 학습 효과를 높인다. 혼자 해결할 수 있는 것보다 협동을 해야 하는 탐구 활동을 하브루타로 함께 해결해야 하는 이유이다.

학생들은 탐구 활동이나 심화 과제 등을 친구들과 함께 해결하는 과정에서 다양한 해결 방법에 대해서도 알게 된다. 필자는 해당 교과서의 탐구 활동 내용이 마음에 들지 않는 경우, 다른 교과서의 탐구 활동 과제를 활동지에 포함한다. 과제 해결 하브루타 절차는 다음과 같다.

- 1단계 개별 활동 : 탐구 활동이나 교사가 제시한 과제에 대해

과제 해결 하브루타를 하는 모습

개인별로 해결 방안을 기록한다.

• 2단계 짝 토론 : 1:1 토론을 통해 더 나은 해결 방안을 선택한
다. 선정한 해결 방안의 내용을 함께 다듬는다. 과제 해결 하
브루타의 경우 짝 토론을 제외하고 바로 모둠 토론으로 들어
가는 경우도 많다. 학생들에게 다양한 해결 방안을 알게 하기
위해서이다.

• 3단계 모둠 토론 : 짝 토론에서 정한 해결 방안을 제시한 후 토
의를 통해 가장 나은 해결 방안을 선택한다. 역시 선정된 해
결 방안의 내용을 다듬는다.

• 4단계 발표 : 모둠별로 선택된 가장 나은 해결 방안을 판서한
후 발표한다. 하나의 과제에 대해 6~8개의 해결 방안을 통해

학생들은 자신이 미처 생각하지 못한 다양한 방법이 있음을 알게 된다.

- 5단계 쉬우르 : 다양한 학생의 의견을 정리하고 유목화한다. 그리고 다수결로 최고의 해결 방안을 선정한다. 학습목표와 관련해 핵심 내용을 설명하며 마무리한다.

과제 해결 하브루타로 국어 시간에 소설이나 시 수업을 한 후 주제나 작가의 의도 등을 찾게 할 수 있다. 국사 시간에는 역사적 사건에 대한 의미, 윤리 시간에는 사상가의 주장을 사회와 연결하는 과제 등을 제시할 수 있다. 다음은 생활과 윤리 수업에서 〈생각 열기〉를 과제 해결 하브루타로 활동한 사례이다. 개별 활동 후 짝 토론을 생략하고, 바로 모둠 토론을 했다.

☞ 〈생각 열기〉 상금을 어떻게 분배하는 것이 공정할까?

출처 : 생활과 윤리, 미래앤 교과서, p. 186

1. 개인별로 자기 생각을 말한다. (나는 ○○의 의견이 옳다고

생각해. 왜냐하면 _____때문이야.)

2. 모둠에서 한 사람씩 돌아가며 말한다. 나머지 모둠원은 활동지에 기록한다.

3. 모둠 생각을 정한다. 이때 활발한 토론이 이루어진다.

4. 모둠 생각을 판서하고 발표한다.

이름	발표 내용
김○○	나는 찬호의 의견이 옳다고 생각해. 왜냐하면 기준이 가장 명확하기 때문이야.
이○○	나는 해영이의 의견이 옳다고 생각해. 왜냐하면 개인의 업적에 따라 보상을 받아야 하기 때문이야.
박○○	나는 영호의 의견이 옳다고 생각해. 시간은 돈이고, 시간이 가장 객관적 기준이기 때문이야.
정○○	나는 영미의 의견이 옳다고 생각해. 왜냐하면 가장 필요한 사람에게 주는 것이 전체를 위한 일이기 때문이야.
모둠 생각	(찬호) 왜냐하면 함께 일을 했기 때문에 서로 기분 상하지 않고 나누는 것이 바람직하다.

그 외 필자의 수업에서 과제 해결 하브루타를 한 사례는 다음과 같다.

- 추모 공원의 입지 선정을 둘러싼 갈등의 해결 방안은 무엇일까?
- 양심적 병역 거부에 대한 자신의 견해를 정리하고, 해결 방안을 모둠별로 제시하시오.

- 유리천장과 같은 불평등이 나타나는 이유와 구체적 사례를 제시하시오.
- 업적, 능력, 필요, 노동 시간, 절대적 평등에 따른 분배 사례나 직업을 찾아보시오.

과제 해결 하브루타 수업 절차

개별 활동	· 개인별로 과제에 대한 해결 방안 생각해서 적기
짝 토론	· 자신이 만든 해결 방안 설명하기 · 역할 바꾸어 해결 방안 설명하기 · 좋은 해결 방안 선정하기 : 설득하기 · 해결 방안 다듬기
모둠 토론	· 짝 토론에서 선정된 해결 방안 나누기 · 모둠 최고 해결 방안 선정하기 : 설득하기 · 해결 방안 다듬기
발표	· 해결 방안 내용 전체 공유 · 학생 : 판서된 내용을 읽으면서 사고 확장 및 수업 내용과 연결
쉬우르	· 해결 방안 내용 중 비슷한 내용끼리 유목화 · 교사는 학습목표와 관련해 핵심 내용 설명 · 최고의 해결 방안 선정하기 : 다수결

친구 가르치기 하브루타

하브루타는 히브리어 '하베르(Haver)'라는 말에서 유래됐는데 이는 '친구'라는 뜻이다. 두 사람이 하나의 교재를 공부한 후 서로 질문하고 논쟁하면서 공부하는 방법이다.

하브루타로
교과수업을
디자인하다

오랫동안 나라 없이 지냈던 유대인들은 교육 문제를 해결하기 위해서 함께 공부할 수 있는 사람을 중요시 여겼다. 그것이 가정에서는 아버지이고, 사회에서는 함께 공부하는 친구이다. 실제 유대인의 하브루타는 대부분 아버지 또는 친구를 통해 이루어진다. 어느 랍비는 다음과 같이 하브루타를 설명한다. "사람은 돌멩이와 같다. 혼자서는 어떤 효과도 낼 수 없지만 다른 돌멩이와 마찰하면 불을 만들 수 있다. 이것이 하브루타의 위력이다."

　친구 가르치기는 공부한 내용에 대해 서로 설명하는 하브루타이다. 수업 내용을 반으로 나누어 서로 가르치게 하는 것이다. 내가 제대로 알고 있는가를 명확히 아는 방법은 간단하다. 말로 설명해보면 된다. 설명하기 위해서는 알고 있는 지식을 정리하고 구조화해야 한다. '말로 설명할 수 없으면 모르는 것이다'라는 유대인 격언이 있다. 아인슈타인도 "내 입으로 설명할 수 없다면 아는 것이 아니다"라고 말했다.

　설명하기의 효과는 여러 연구에 의해 입증되었다. 미국 행동과학연구소인 NTL(National Training Laboratories)에서 밝힌 '학습 효율성 피라미드'에 의하면 공부한 후 24시간 뒤에 남아 있는 비율에서 강의 듣기는 5퍼센트, 읽기 10퍼센트, 시청각 교육 20퍼센트, 시범 강의 보기 30퍼센트, 집단 토의 50퍼센트, 체험 70퍼센트, 서로 설명하기는 90퍼센트이다.

　학습 능력 향상을 위해 1장에서 메타인지의 중요성을 강조한 바 있다. 메타인지는 IQ와 달리 훈련을 통해 향상할 수 있다고 한다. 그것이 바로 셀프 테스트이다. 아는지, 모르는지 스스로 확인하는 방법이다. 가장 대표적인 것이 설명해보는 것이다. 공부한 내용을 설명해보면 명확히 아는지, 그렇지 않은지 알 수 있다. 머리로는 안다고 생각했는데 막상 말로 표현하려 하면 안 되는 경우가 있다. 이는 제대로 알지 못한 것이다. 이때는 부족한 부분을 다시 한 번 공부하면서 학습 능력을 높일 수 있다.

설명하기는 우등생들의 가장 일반적인 공부법이다. EBS〈다큐프라임〉'0.1%의 비밀'에서는 상위 0.1퍼센트의 복습 방법으로 엄마에게 설명하며 체계적으로 정리하는 학생과 친구를 가르치며 다시 한 번 더 기억하는 사례를 소개한다.[3] 또한 공부의 신(神)이라고 알려진 강성태는 《66일 공부법》에서 효과적인 공부법으로 '그 자리에서 스스로 설명해보라'고 다음과 같이 주문한다.

"가능하면 답을 알게 된 그 자리에서 스스로 설명해보라. 누군가에게 실제로 설명해봐도 좋고 자기 자신에게 설명해봐도 좋다. 방금 전까지 내가 질문자였지만 이제 내가 답변자가 되어보자. 질문한 내용을 확실히 이해했는지를 파악할 수 있고 기억이 더 오래, 더 정확히 남는다."

학생부종합전형에서 자기소개서 3번 문항은 배려, 나눔, 협력, 갈등 관리 실천 사례를 요구한다. 많은 학생이 나눔의 사례로 친구 가르치기 활동을 적고 있다. 처음 친구가 물어보았을 때는 자

---

3. EBS, 〈다큐프라임〉 교육대기획 '학교란 무엇인가?' 8부 0.1%의 비밀, 2010

친구 가르치기 하브루타를 하는 모습

신의 공부에 방해될 수도 있겠다고 생각했는데, 설명하는 과정에서 제대로 이해하게 되었고, 설명이 막히면 다시 한 번 공부하는 과정에서 더 정확하게 알게 되었다는 이야기가 많다. 그리고 친구가 제대로 이해하게 되었을 때와 친구의 성적이 향상되었을 때의 보람을 적는다. 서울대학교 진동섭 입학사정관은 다음과 같이 친구 가르치기의 중요성을 강조한다.[4]

잘하는 학생이 못하는 학생을 가르치는 건 잘하는 학생 스스로를 위한 행위다. 대학이 평가를 할 때 지원자에게 동료를 가르쳐봤는지 묻

---

4. 미즈내일 834호, 2017. 11. 1

는 이유는 그 경험이 곧 자신의 지식을 정리하는 계기가 되니 훨씬 발전적이고, 가르칠 때 막히는 부분을 보정할 수 있기 때문이다.

친구 가르치기는 가르치는 학생뿐만 아니라 배우는 학생의 입장에서도 효과적인 공부법이다. 첫째, 또래 언어로 설명을 듣기 때문에 이해하기 쉽다. 아무래도 교사 언어는 아이들이 사용하는 말과는 표현이 다르고 어렵다. 하지만 또래 친구가 공부한 내용을 내면화해 친구에게 설명하는 경우 훨씬 쉬운 용어를 사용한다. 자신이 이해한 언어로 설명하기 때문이다. 따라서 교사에게 설명을 듣는 것보다 훨씬 쉽게 배울 수 있다.

둘째, 배우는 입장에서 모르는 부분이 나올 때 질문하기가 쉽다. 수업 시간에 아이들이 교사에게 질문하는 것은 용기가 필요하다. 잘난 체한다고 오해받을 수 있고, 자기가 모르는 것을 부끄러워할 수도 있다. 하지만 친구와 공부할 때는 모르는 것을 바로 질문할 수 있다. 모르는 것은 바로 해결해야 배움이 된다. 시간이 지나면 무엇을 모르는지조차 모르게 된다.

친구 가르치기를 할 때는 다음과 같이 다양한 방법으로 한다.

- 백지에 필기하면서 가르치기 : 학창 시절에 연습장에 쓰면서 암기한 경험이 있을 것이다. 필기하면서 손을, 가르치면서 뇌를 함께 사용한다. 손과 뇌는 고등 사고와 가장 밀접한 신체 기관이다. 배우는 사람 입장에서도 눈과 귀를 동시에 사용하

며, 필기를 통해 내용을 쉽게 정리할 수 있다.

- 일어서서 가르치기 : 학생들은 수업 시간 내내 앉아 있다. 때로는 일어서서 가르치게 한다. 일어서는 것만으로도 장소를 옮기지 않고 분위기를 바꿀 수 있다. 가능한 손을 가슴 위쪽으로 올려 손동작을 크게 하도록 한다. 적절한 손동작은 설득력을 높이고, 자심감을 갖게 한다. 또한 두뇌 활동을 활발하게 하는 효과도 있다.
- 스승이 제자에게 가르치듯 하기 : 학교 선생님 혹은 공자나 소크라테스와 같은 스승이 되어 그들의 사상을 제자에게 가르치듯 한다. 그러면 말투가 달라지면서 재미있다. 특히 윤리 수업의 사상가가 등장하는 단원에서 효과적이다.

다음은 필자가 고등학교 1학년 통합사회 '동양의 행복관' 수업에서 실시한 사례이다.

- 1단계 교사 강의 : 유교, 불교, 도교의 행복관을 설명한다. 통합사회 교과서에 소개된 유불도 사상의 내용은 아주 짧다. 전공이 윤리인 필자의 경험을 살려 윤리와 사상에 나오는 유불도 사상의 내용을 포함하여 자세히 설명했다. 활동지에 강의 내용을 모두 포함했으며, 강의 시간은 25분 내외이다.
- 2단계 개별 공부 시간 : 친구 가르치기 활동을 할 것임을 예고한 후 10분가량 공부할 시간을 준다. 이때 학생들은 친구에게

설명하기 위해 집중력 있게 공부한다.

- 3단계 유교 설명하기 : 가위바위보를 해서 진 사람이 유교를 설명한다. 반대편은 경청하면서 필요한 경우 질문을 한다. 그리고 빠트린 내용이 있다면 보충 설명을 한다.
- 4단계 불교 설명하기 : 역시 가위바위보를 해서 진 사람이 설명한다.
- 5단계 도교 설명하기 : 가위바위보를 하는데 두 번 연속 져서 유교와 불교를 모두 설명한 경우에는 지더라도 이긴 사람이 설명하게 한다. 수업에서 한 번은 설명하게 하기 위해서이다.
- 6단계 전체에게 설명하기 : 각 사상에 대해 1명씩 앞으로 나와서 전체에게 설명하게 한다. 이때 교사가 지명하는 것보다 희망 학생에게 기회를 주는 것이 효과적이다. 희망 학생은 설명에 자신이 있는 경우가 많기 때문이다. 이 학생의 설명을 통해 전체 학생은 복습할 기회를 갖는다. 만약 이 학생이 제대로 설명하지 못한 부분이 있다면 교사는 전체 학생들이 어떤 부분을 제대로 이해하지 못했는지 파악해 피드백할 수 있다.
- 7단계 기억해서 쓰기 : 마지막으로 이제까지 나온 유불도의 모든 내용을 활동지에 기억해서 쓰게 한다. 이는 이제까지 공부한 내용을 반복해서 복습하게 한다.

공리주의 단원에서는 벤담과 밀을 1명씩 교대로 설명하게 한다. 친구 가르치기를 통해 학생들은 50분의 수업에서 여러 번 복습하는 효과를 기대할 수 있다. 친구에게 설명하기 위해 공부하는 시간, 친구에게 설명하고 듣는 시간, 기억해서 쓰는 활동이 모두 복습인 셈이다. 당연히 수업에서 공부한 내용을 오래 기억하게 된다.

아이들의 활동 소감은 다음과 같다

▸ 배운 내용을 친구에게 설명하고, 친구의 설명을 들으면서 이해가 훨씬 잘되고 기억에 오래 남았다. 친구에게 가르쳐주어야 한다는 책임감을 가지고 공부를 해서 훨씬 집중이 잘되었다. 또한 친구에게 설명하는 과정에서 더욱 꼼꼼하게 알게 되어 혼자 외우면서 공부하는 것보다 내용을 더 잘 이해하게 되었다. 친구도 이해하기 쉽게 설명을 해주어서 친구와의 관계도 더욱 돈독해진 느낌이 들었다. 장래 희망이 교사인 나로서는 친구를 가르쳐주며 꿈에 한 발 더 다가갈 수 있는 활동이었다.

▸ 동양의 행복론을 주제로 친구들과 하브루타 활동을 했다. 나는 노자 사상을 가르치게 되었다. '어떻게 하면 친구가 잘 이해할까' 고민하다가 노자가 살았던 춘추전국시대 상황을 곁들여 왜 도가 사상이 등장하게 되었는지 설명함으로써 급우들에게 좋은 평가를 받았다. 이를 통해 중학교 때 배운 중국사 내용을 머릿속에서 다시 활성화할 수 있었고, 친구들이 잘 이해하여 뿌듯했다. 또 사상이 역사의 흐름과 함께 발전, 변화한다는 것을 배울 수 있었다.

친구 가르치기 하브루타 수업 절차	
개별 활동	· 배운 내용 중 자신이 맡은 부분 공부하기
짝 활동	· 친구에게 설명하기 : 경청하고 질문하기 · 역할 바꾸어 친구 가르치기 · 서로 이해하지 못한 내용 교사에게 질문하기
전체 설명	· 전체에게 설명할 학생 지명하기 · 전체에게 설명하기 : 경청하고 질문하기 · 교사 : 빠지거나 잘못된 설명 피드백하기
기억해서 쓰기	· 배운 내용 기억 떠올려서 쓰기 : 복습하기

근거 만들기 하브루타

공자는 자신을 궁지에 빠뜨리기 위한 질문을 하는 사람에 대해 '고기양단(叩其兩端)'으로 응대했다. '두 갈래로 나누어 양 끝을 두드린다'는 의미로 각각의 입장을 잘 살펴서 보다 합리적인 결론에 도달한다는 의미이다.

근거 만들기 하브루타는 논쟁이 있는 토론 주제에 대해 양 끝을 살피는 활동이다. 한쪽 입장만이 아니라 상대편의 다른 입장도 생각하게 한다.

찬반 토론 수업 전에, 학생들은 사전에 각각의 근거에 대해 살펴보아야 한다. 바로 토론을 하게 되면 주도하는 몇몇 학생들만 참여하게 된다. 근거 만들기 하브루타는 모든 학생이 찬반 근거에 대해 생각하고, 짝 토론과 모둠 토론을 통해 근거의 수준을 높인다. 절차는 다음과 같다.

- 1단계 개별 활동 : 논제에 대한 찬반의 근거를 각각 2개씩 활동지에 적게 한다. 자신이 지지하는 입장에 대한 근거만 만드는 것보다 각각의 근거에 대해 모두 생각하게 하는 것이 효과적이다. 활동의 목표가 자신의 근거로 상대의 근거를 제압하는 것이 아니라, 사회 이슈가 되는 현상에 대한 다양한 견해를 접하게 하는 것이기 때문이다. 이때 근거만 읽어도 내용 파악이 가능하도록 키워드를 포함해 가능한 짧고 명확하게 쓰도록 지도한다.

- 2단계 짝 토론 : 각각의 찬반 근거 2가지씩을 서로 설명한다. 각자 만든 근거가 2가지이므로 총 4가지의 근거 중 수준 높은 근거 2가지를 선택한다. 물론, 두 학생 모두의 공통된 근거가 있다면 당연히 선택될 것이다. 또한 한 학생이 1가지씩 선택하는 것은 지양해야 한다.

- 3단계 모둠 토론 : 짝 토론을 통해 이미 각각 2가지의 찬반 근거를 만들었으므로 4개의 찬반 근거가 도출되었다. 이를 모둠 토론을 통해 다시 좋은 근거 2가지를 선택하게 하는 활동이다.

- 4단계 발표 및 최종 입장 선택 : 모둠별로 만들어진 찬반 근거 2가지를 판서한다. 중복된 내용이 많고, 이미 충분한 토론을 거친 후 나온 내용이므로 굳이 학생들이 발표할 필요는 없다. 교사는 중복된 내용을 유목화하거나 삭제한다. 그리고 최종적으로 학생들이 전체 학급에서 나온 근거를 읽은 후 자신의 입장과 근거를 선택하게 한다. 학생들은 자신이 미처 생각하

근거 만들기 하브루타를 하는 모습

지 못한 다양한 근거가 있음을 알게 되고, 가장 설득력 있는 근거 2가지를 선택한다.

필자는 수업에서 다음과 같은 주제로 근거 만들기 하브루타를 했다.

- 낙태를 허용해야 한다.
- 사형제도를 폐지해야 한다.
- 안락사를 허용해야 한다.
- 부유한 국가일수록 더 행복하다.
- 미래의 행복을 위해 현재의 행복을 희생해야 한다.

하브루타로
교과수업을
디자인하다

이 중 '미래의 행복을 위해 현재의 행복을 희생해야 한다'는 논제에 대해 다음과 같은 찬반 근거가 제시되었다.

찬성
- 현재 희생하는 행복은 작고, 미래의 행복은 크다.
- 모든 목표를 위한 노력은 다수의 희생을 요구한다.
- 현재의 희생이 미래의 행복을 보장할 수 있다.
- 현재의 희생이 반드시 행복을 보장하는 것은 아니지만, 희생하지 않는 사람 중에 목표를 달성하는 사람은 없다.
- 미래 행복을 위한 현재 희생은 장기적으로 보면 행복이다.
- 현재의 행복을 희생하면서 노력하지 않으면 미래에 떳떳할 수 없다.

반대
- 행복은 순간의 큰 것이 아니라 지속적인 작은 것들의 모임이다.
- 미래의 행복은 불확실하지만, 목표를 위해 포기하는 행복은 확실한 경우가 많다.
- 현재의 행복을 희생한다고 해서 미래의 행복을 보장할 수는 없다.
- 현재가 행복해야 자신이 무엇을 할 때 행복한지를 알 수 있다.
- 현재가 불행하다면 미래에 행복하게 살아갈 의지가 생길까?
- 매 순간을 즐기며 살다 보면 미래에도 행복할 것이다.

– 행복이 목적이라면서 현재의 행복을 포기하는 것은 모순이다.

근거 만들기 하브루타 활동지 사례는 다음과 같다.

근거 만들기 하브루타 활동지

		반　　번　　이름	
논제		미래의 행복을 위해 현재의 행복을 희생해야 한다	
개별 활동	찬	1. 현재 쾌락을 추구하다가 미래가 불행할 수 있고, 후회하면 늦다. 2. 미래를 위한 현재 행복의 희생은 불가피하다.	
	반	1. 행복을 위해 또 다른 행복을 포기하는 것은 모순이다. 2. 지금의 희생이 미래 행복을 보장하지 못한다.	
짝 토론	찬	1. 미래의 행복을 위한 현재의 희생은 장기적으로 보면 행복이다. 2. 미래를 위한 현재 행복의 희생은 불가피하다.	
	반	1. 행복은 순간의 큰 것이 아니라 지속적인 작은 것들의 모임이다. 2. 지금의 희생이 미래 행복을 보장하지 못한다.	
모둠 토론	찬	1. 미래의 행복을 위한 현재의 희생은 장기적으로 보면 행복이다. 2. 현재의 희생이 반드시 행복을 보장하는 것은 아니지만, 희생하지 않는 　사람 중에 목표를 달성하는 사람은 없다.	
	반	1. 행복이 목적이라면 현재의 행복을 포기하는 것은 모순이다. 2. 지금의 희생이 미래 행복을 보장하지 못한다.	
최종 입장	반	1. 지금의 희생이 미래 행복을 보장하지 못한다. 2. 현재가 행복해야 자신이 무엇을 할 때 행복한지를 알 수 있다.	

아이들의 활동 소감은 다음과 같다

▶ 한 가지 논제에 대해 찬반으로 나누어 혼자 생각해보고, 짝과 토론하고, 모둠끼리도 생각을 나누어보았다. 논제에 대해 깊이 생각하게 되었고 짝 토론과 모둠 토론을 통해 친구들의 생각을 접하면서 더 좋은 생각이 나오는 것이 재미있었다. 칠판에 적힌 모둠별 근거를 보면서 최종적인 나의 입장을 선택하는 것도 좋았다.

▶ 근거 만들기 하브루타는 전체 찬반 토론 전, 자기 생각을 정리하고 입장을 정하는 데 도움을 주었다. 찬성과 반대의 다양한 근거를 찾고, 친구들과 이야기하면서 새로운 내용을 알 수 있었고, 친구의 근거를 들으면서 폭넓은 관점을 갖게 되었다. 근거의 적절성과 관련성을 생각하며 듣는 과정에서 경청하는 자세도 갖게 되었다.

이러한 근거 만들기 하브루타는 전체 찬반 토론 혹은 논술 쓰기로 이어지면 효과적이다. 필자는 근거 만들기 하브루타 활동 이후 '미래의 행복을 위해 현재의 행복을 희생해야 한다'는 논제로 논술 쓰기 활동을 했다. 학생의 글을 소개한다.

찬성

행복은 항상 사람들의 가장 중요한 관심사이자 삶의 목표이다. 행복에 대한 다양한 견해가 제시되고 있다. 누군가는 현재의 행복이 무엇보다 중요하다고 생각하고, 다른 사람은 현재의 희생을 통해 미래의 행복을 이룰 수 있다고 말한다. 나는 미래의 행복을 위해 현재의 행복을 희생하는 것에 찬성한다. 현재의 짧은 시간의 희생이 미래의 더 긴 행복을 끌어낼 수 있기 때문이다.

학생들의 사례를 보자. 우리나라 대부분의 학생들은 초·중·고 12년 동안 학교에 다닌다. 그중 고등학교에서의 기간이 가장 중요하다. 이때는 행복의 희생이 불가피하다. 현대 사회는 경쟁 사회이다. 고등학교 3년 동안의 행복을 포기해 좀 더 나은 대학, 좀 더 나은 직장을 얻는다면 3년의 수십 배에 달하는 행복을 얻을 수 있다.

혹자는 매 순간을 즐기며 살다 보면 미래에도 즐길 수 있다고 말할 수 있다. 그러나 현실은 그렇지 않다. 고등학생 3년 동안 공부를 멀리하고 현재의 행복만 좇다 보면 자신이 하고 싶은 일을 위한 발판을 마련하지 못하고, 좌절감에 빠져 결국 오랫동안 불행해질 것이다. 많은 사람의 경험을 보아도 현재의 행복 희생이 미래의 행복을 줄 수 있다는 것을 알 수 있다. 따라서 미래의 행복을 위해 현재의 행복을 희생하는 것에 찬성한다.

반대

많은 사람이 현재의 희생을 통해 미래 행복을 추구한다. 원하는 대학에 합격하기 위해 고된 입시 생활을 거쳐야 하고, 지금 열심히 일해야 노후에 행복하다는 통념이 뿌리 깊게 박혀 있다. 이쯤에서 우리는 이런 생각이 과연 사실인지 생각해볼 필요가 있다. 만약 사실이 아니라면 우리는 시간과 건강을 낭비하고 있는 것이다. 나는 이 통념에 반대한다. 현재의 희생이 미래의 행복을 보장한다는 것은 불확실하기 때문이다.

많은 사람이 힘든 고등학교 생활을 거쳐 대학에 입학한다. 행복해질 거라는 믿음을 가지고 대학 생활을 하지만 곧 취업 문제에 부딪혀 또 행복을 희생해야 한다. 취업해서는 노후나 해고 위험 때문에 현재를 희생한다. 결국, 미래를 위해 끝없이 현재를 희생하는 고통의 연속인 삶 속에서 우리는 더 이상 행복해질 수 없다.

누군가는 현재의 행복을 희생하면 미래에 행복해질 것이라고 주장한다. 그러나 미래는 그 당시 곧 현재이다. 현재는 과거의 미래이다. 언제 올지 모르는, 불확실한 행복을 기대하면서 현재의 희생을 반복하는 것은 옳지 않다.

근거 만들기 하브루타 수업 절차

개별 활동	· 개인별로 찬성 2개, 반대 2개 근거 만들기 · 키워드+서술어 형식으로 짧고 명확하게 쓰기
짝 토론	· 각자 찬성 근거 설명해서 좋은 근거 2개 선정하기 · 각자 반대 근거 설명해서 좋은 근거 2개 선정하기 · 좋은 근거로 다듬기
모둠 토론	· 모둠에서 가장 좋은 찬반 근거 2개씩 선정하기 · 좋은 근거로 다듬기
발표	· 모둠별 찬반 근거 발표 후 판서하기 · 중복된 근거 유목화 및 삭제
입장 선택	· 최종 입장을 정하고, 근거 2가지 선정하기

비교 하브루타

비교 하브루타는 두 가지 이상의 비교 대상을 두고 공통점과 차이점을 찾는 활동이다. 수능에서 윤리와 사상이나 생활과 윤리 과목의 경우 벤다이어그램을 활용한 공통점과 차이점을 묻는 문제가 자주 출제된다. 2015 교육과정 이후 새로운 교과서에서는 이러한 공통점과 차이점을 묻는 학생 활동이 많이 등장하고 있다. 하브루타를 통해 공통점과 차이점을 찾게 하면 교사가 생각한 것보다 훨씬 다양한 생각을 도출할 수 있다. 비교 하브루타 절차는 다음과 같다.

- 비교 대상 제시 : 교사는 교과서의 탐구 활동이나 기출문제 등에서 두 가지 이상의 비교 대상을 제시한다.
- 1단계 개별 활동 : 공통점과 차이점에 대해 각각의 생각을 활동지에 적는다. 가능한 많이 적게 하며, 최소한 몇 개 이상은 적어야 한다는 개수를 정해주면 수업 집중도가 높아진다.
- 2단계 모둠 활동 : 모둠에서 돌아가면서 공통점과 차이점을 발표하게 한다. 학생들은 모둠에서 나온 모든 공통점과 차이점을 활동지에 기록한다. 비교 하브루타의 경우 바로 모둠 토론을 통해 다양한 생각을 듣는 것이 효과적이다. 따라서 짝 토론은 생략한다.
- 3단계 전체 활동 : 교사는 칠판을 양분해 공통점과 차이점을 제목으로 판서한다. 그 후 모둠별로 공통점을 한 개씩 발표하게 하고, 그때마다 판서한다. 다음 모둠에서는 기존에 발표된 공통점을 제외하고 발표하게 한다. 새로운 공통점이 없으면 "패스"라고 이야기한다. 새로운 공통점이 없을 때까지 계속 모둠별로 발표하게 한다. 이후 차이점도 같은 방식으로 한다.

판서된 공통점과 차이점은 모두 활동지에 적게 한다.

- 4단계 쉬우르 : 판서된 공통점과 차이점 중 학습목표와 관련해 의미 있는 내용과 빠진 내용에 대해서는 보충 설명을 한다.

필자는 주로 교사 연수에서 다음 두 사진을 통해 차이점을 찾는 비교 하브루타를 한다. 그러면 다음과 같은 차이점이 도출된다.

두 사진의 차이점을 비교해보자

- 그림이고, 사진이다.
- 조선시대이고, 현대이다.
- 교사가 앉아 있고, 서 있다.
- 교사가 남자이고, 여자이다.
- 교사가 모자를 쓰고 있고, 쓰고 있지 않다.
- 배우는 사람이 바닥에 앉아 있고, 의자에 앉아 있다.

- 배우는 사람이 남자이고, 여자이다.

- 칠판이 없고, 칠판이 있다.

- 학생들 시선이 마주 보고, 교사를 향하고 있다.

- 학생이 소수이고, 숫자가 많다.

- 학생 나이가 다양하고, 나이가 같다.

- 학생 중에 결혼한 사람이 있고, 없다.

- 학생 앞에 책만 있고, 다양한 필기도구가 있다.

- 한복이고, 교복이다.

- 의무교육이 아니고, 의무교육이다.

- 책 속의 글자가 세로로 쓰여 있고, 가로로 쓰여 있다.

필자의 수업 사례는 다음과 같다. 생활과 윤리 과목의 '자유주의와 공동체주의 정의관' 단원에서 국가에 의한 재분배를 강조하는 롤스와 개인의 소유권을 강조하는 노직 관점의 공통점과 차이점을 찾는 탐구 활동이 나온다. 이 활동에서 처음부터 모둠 토론을 하게 되면 소외자가 나온다.

하지만 개별로 공통점과 차이점을 찾게 한 후 모둠 내에서 발표하게 되면 소외자 없이 다양한 생각들이 도출된다. 다음과 같은 활동지를 통해 개별로 먼저 공통점과 차이점을 생각하게 한 후, 모둠 내에서 각자의 생각을 모은다. 그리고 모둠 발표를 통해 전체적으로 공통점과 차이점을 도출한다.

공통점	내 생각	· 자유 추구 · 사회적, 경제적 불평등 인정
	모둠 정리	· 개인의 자유와 권리 존중 · 모두에게 균등한 기회 부여 · 자본주의 체제 존중 · 자유 시장 경쟁 체제 인정
차이점	내 생각	· 롤스 : 최소 수혜자의 최대 이익 보장 · 노직 : 사회적 약자 위한 복지 세금에 반대
	모둠 정리	· 롤스 : 적극적 국가 역할, 절차적 정의 강조 · 노직 : 소극적 국가 역할, 국가의 사유 재산권 침해 불가

비교 하브루타를 한 후, 각자 롤스와 노직 역할을 맡아 '정의를 위한 바람직한 국가 역할'을 논제로 1:1 토론을 하게 했다. 토론 후에는 어느 쪽을 지지하는지 200자 논술을 하게 했다.

롤스 입장

나는 롤스의 주장을 지지한다. 개인의 자유와 권리가 존중받기 위해서는 사회적 약자의 삶이 기본적으로 보장되어야 하기 때문이다. 국가의 적극적 개입을 통해 빈부 격차를 최소화하고, 이를 통해 최소 수혜자도 기본권을 누리는 사회가 되어야 한다.

노직 입장

나는 노직을 지지한다. 개인 소유물은 자신의 자유로운 선택에 맡겨야 하기 때문이다. 정당하게 얻은 소유물에 대해서는 그에 대한 처분권이 있다. 국가의 역할은 개인의 소유권을 보호하는 데 있다. 따라서 국가가 함부로 이를 침해하는 것은 정의롭지 못하다. 그래야만 개인의 권리와 자유가 존중받을 수 있다.

고등학교 통합사회의 '행복한 삶을 실현하기 위한 조건' 단원에서 전통 사회와 현대 사회의 이상적인 정주 환경을 제시한 후 공통점과 차이점을 설명해보자는 탐구 활동에서도 비교 하브루타를 적용했다. 또한 통합사회 1단원 마지막 활동으로 대동사회와 유토피아의 공통점을 통해 오늘날 행복한 삶을 실현하는 데 필요한 조건을 서술하라는 논술 활동이 나온다. 읽고 바로 논술 쓰기를 하게 되면 많은 학생은 무엇을 써야 할지 모른다. 하지만 비교 하브루타를 통해 각각 공통점을 생각한 후 모둠 내에서 생각을 모으면 훨씬 다양한 생각이 나온다. 교사가 이를 정리한 후 논술 활동을 하게 되면 학생들이 쉽게 글을 쓰는 것을 볼 수 있다. 비교 하브루타 활동을 한 후 한 학생은 다음과 같은 논술문을 작성했다.

대동사회와 유토피아의 공통점을 통해 알 수 있는 오늘날 행복한 삶의 조건은 일자리와 인간다운 삶의 보장이다. 최근 실업이 사회 문제가 되고 있다. 청년들이 취업하기 힘들고, 노령화 사회에 접어들면서 노인들도 일자리를 구하기 어렵다. 과거와 달리 휴대폰 등 기본적인 돈이 많이 들어가는 사회에서 안정된 일자리는 무엇보다 중요하다. 또한 인간다운 삶을 위한 복지가 필요하다. 국민들의 행복도가 높은 대부분의 나라는

비교 하브루타 수업 절차

개별 활동	· 개인별로 교과서 읽으면서 공통점, 차이점 찾기
모둠 활동	· 개인별로 찾은 공통점 설명하고 활동지에 적기 · 개인별로 찾은 차이점 설명하고 활동지에 적기
전체 활동	· 모둠별 공통점 및 차이점 발표하고 교사는 판서 · 학생은 판서된 공통점과 차이점 활동지에 적기
쉬우르	· 학습목표와 관련해 의미 있는 내용 정리 및 강조 · 빠진 내용 설명

복지 국가이다. 개인의 소소한 행복도 중요하지만, 기본적인 사회권이 보장되는 복지 정책이 행복한 삶을 위해 필요하다.

비교 하브루타 수업에 대한 학생의 소감은 다음과 같다.

▶ 비교 하브루타를 통해 내용을 자세히 파악하게 되었다. 혼자서는 공통점과 차이점을 몇 개 찾지 못했는데, 친구들과 이야기하면서 내가 생각하지 못했던 것들을 알 수 있는 시간이었다.

문제 만들기 하브루타

문제 만들기 하브루타는 학생이 교사 입장이 되어 직접 시험 문제를 만들어보는 활동이다. 학생들이 시험 문제를 풀 때 교사의 출제 의도를 파악하는 것은 무엇보다 중요하다. 따라서 학생이 교사 입장에서 문제를 출제해보는 것은 효과적인 공부법이다. 어떤 내용이 중요한지, 이를 어떻게 문제로 만들지 고민하면서, 또한 좋은 문제를 선정하고 가다듬는 과정에서 배움이 일어나며 문제에 대한 안목을 길러준다. 교사는 학생들이 만든 문제 중 우수 문제를 응용해 직접 시험 문제에 활용하겠다고 공지해서 학생들의 참여 의지를 자극할 수도 있다.

필자는 시험 기간 바로 앞 시간에 자습 시간을 주는 대신 문제 만들기 하브루타를 한다. 활동 전에 다음과 같은 문제 만들기 하브루타 효과를 아이들에게 설명하면 더 효과적이다.

첫째, 복습 효과가 있다. 문제를 만들기 위해 교과서를 정독해야 한다. 정답과 오답을 만드는 과정에서 교과서를 반복해서 읽게 된다. 문제를 만들기 위해서는 생각을 많이 해야 하고, 단순히 교과서를 읽는 것보다 집중도도 높아진다.

둘째, 친구 가르치기가 이루어진다. 자신이 낸 문제에 대해 친구가 모를 경우 설명하는 과정을 통해 친구 가르치기 활동이 이루어진다. 설명하는 입장에서 자연스럽게 기억 꺼내기 활동을 통해 오래 기억하게 된다. 설명을 듣는 입장에서도 교사의 언어가 아닌 또래의 언어를 통해 설명을 들으므로 훨씬 쉽게 이해할 수 있다.

셋째, 혼자 공부하면서 놓친 부분을 알게 된다. 친구와 서로 문제를 내고 풀이하는 과정에서 중요한 내용과 그렇지 않은 내용을 판별하게 된다. 또한 중요한 내용 중 자신이 놓쳤던 부분을 알게 된다. 이를 통해 꼼꼼한 학습이 이루어진다.

문제 만들기 하브루타는 주로 중단원을 마친 후, 또는 중간고사나 기말고사 전 복습 활동으로 효과적이다. 전성수 교수의 문제 만들기 하브루타 수업 절차는 '개인별 문제 만들기-짝과 문제 다듬기-모둠과 문제 다듬기-문제 발표-쉬우르' 순으로 진행한다. 필자는 이 수업모형에서 친구 가르치기를 추가해서 실시한다. 절차는 다음과 같다.

- 1단계 개별 활동 : 개별로 시험 범위 내에서 문제를 출제하게 한다. 보통 선택형 3문제, 서술형 2문제 정도를 출제하게 한다. 교과서와 활동지를 참고해 문제를 출제한다. 선택형은 제시문을 포함한 문제를 1문제 이상 출제하도록 요구한다. 시간은 20분 부여한 후 진행 속도에 따라 5분 추가한다.
- 2단계 짝 토론 : 서술형 문제를 서로 묻고 답한다. 먼저 왼쪽에 앉은 학생이 서술형 문제를 묻는다. 오른쪽 학생은 문제를 듣고 정답을 이야기한다. 만약 정답을 모를 경우 출제 학생은 정답을 설명한다. 이 과정에서 친구 가르치기가 이루어진다. 이후 다시 한 번 몰랐던 문제에 대한 정답을 설명하게 한다. 그리고 역할을 바꾸어 활동한다. 서술형 문제 풀이가 끝났으면 문제지를 짝과 교환해 선택형 문제를 풀이한다. 풀이 후 틀린 문제에 대해서는 서로 친구 가르치기 활동을 한다. 그리고 우수 문제를 서술형과 객관식 1문제씩 선정한다.
- 3단계 모둠 토론 : 짝 토론에서 선정한 서술형 문제로 묻고 답

문제 만들기 하브루타를 하는 모습

하기를 한다. 모둠에서 최고의 서술형 문제를 선정한다. 선택형도 같은 방법으로 서로 문제지를 교환해 풀게 한 후, 최고의 문제를 선정한다. 최고의 문제는 선정 후 좋은 문제로 다듬는 활동을 해서 문제의 질을 높인다. 특히 선택형 문제는 너무 쉬운 오답보다 매력적인 오답을 만들게 한다. 이 과정에서 깊이 있는 토의와 학습이 이루어진다. 선정된 문제는 화이트보드 등에 적게 한다.

• 4단계 쉬우르 : 모둠별로 출제자가 나와서 서술형과 선택형 문제를 전체 학생들에게 묻는다. 학생들은 문제에 대해 자유롭게 답한다. 이 과정에서 교사는 문제의 좋은 점과 보완할 점 등을 설명하거나 최고의 문제를 선정하는 것도 학습에 도움이 된다.

문제 만들기 하브루타 절차

개별 활동	· 개인별로 문제 만들기 : 서술형 2, 선택형 3
짝 토론	· 서술형 묻고 답하기 : 친구 가르치기 · 선택형 문제지 바꾸어 풀기 : 친구 가르치기 · 좋은 문제 선정하기 : 다듬기
모둠 토론	· 서술형 묻고 답하기 : 친구 가르치기 · 선택형 문제지 바꾸어 풀기 : 친구 가르치기 · 좋은 문제 선정하기 : 다듬기
쉬우르	· 발표 : 모둠별 최고 문제 묻고 답하기 · 교사 : 문제의 좋은 점과 보완할 점 설명 · 최고의 문제 선정 후 이유 및 보충 설명

경우에 따라서는 개별 활동 단계에서 다음과 같은 문제 유형을 제시한 후 모둠 내에서 선택하게 할 수도 있다. 이럴 경우 자연스럽게 학력이 떨어지는 학생이 A나 B형을 선택하고, 우수한 학생이 C나 D를 선택하게 된다.

- A형 : ○, × 진위형 단답식 5문제
- B형 : 단답형, 괄호형 5문제
- C형 : 하나의 제시문을 통해 정답을 찾는 문제 2문제
- D형 : 두 개의 제시문을 통해 정답을 찾는 비교형 문제 1문제

문제 만들기 하브루타에 대한 아이들의 소감은 다음과 같다.

▶ 평소에 암기 과목 공부를 할 때는 반복해서 읽고 요약하는 방식으

로 했는데, 문제를 만들고 친구끼리 풀이하는 방법은 훨씬 재미있고 오래 기억에 남았다. 문제를 내면서 '어떻게 어렵게 낼까?', '어떻게 하면 친구들이 더 생각해서 답을 찾아내게 할 수 있을까?'를 고민했다. 특히 객관식은 너무 답이 뻔하면 푸는 맛이 사라진다고 생각해서 틀린 답을 만드는 데 많은 고민이 되었다. 나도 친구의 문제를 풀어야 하므로 교과서를 집중하며 꼼꼼히 읽었다.

▶ 문제 만들기 하브루타를 한다는 이야기를 듣고 처음에 하기 싫은 생각이 들었다. 하지만 문제를 내기 위해 교과서를 읽다 보니 수업 시간에 배운 내용이 기억이 났다. 짝이 비슷한 문제를 냈을 때는 그 관련 내용을 본 기억이 있어 다시 한 번 머리에 정리가 되었다. 내가 주의 깊게 보지 않았던 문제를 보고 그 내용을 다시 공부하게 되었다. 친구에게 설명하면서 내가 알고 있는 부분과 정확히 모르는 부분을 알게 되었고, 서로 가르쳐주면서 복습할 수 있었다.

탈무드 하브루타 러닝

이스라엘의 탈무드 학자인 헤츠키 아리엘리와 탈무드 전문가인 김진자 탈무드 엑설런스 연구소 소장이 함께 쓴 《탈무드 하브루타 러닝》에 소개된 수업모형이다. 두뇌 열기, 주제 이해, 하브루타 실시, 상호 피드백의 네 단계로 하브루타 과정을 설명한다. 찬반 논쟁이 있는 주제에 적합하며 이 책의 4장에서 '한국지리' 사례가 이 모형에 따라 수업을 진행했다. 단계별 절차는 다음과 같다.

- 1단계 두뇌 열기 : 하브루타 시작 전, 뇌를 활발하게 활동할 수 있도록 준비시키는 과정이다. 해당 책에서는 기억하기 연습을 소개하는데, 1단계와 2단계로 다른 영어 단어를 제시한 후 기억해서 쓰게 한다. 필자는 전시 학습에서 배운 내용을 기억해서 쓰게 하거나, 친구에게 설명하기를 한다.
- 2단계 주제 이해 : 효과적인 하브루타를 위해 주제를 이해하는 과정으로 주제 선정, 주제 읽기, 주제 상호 이해가 있다.
  - 주제 선정 : 찬반 의견이 나올 수 있는 주제, 총론은 동의하나 각론에 이견이 있는 주제, 창의적인 솔루션이 필요한 주제, 새로운 개념을 심도 있게 이해해야 하는 주제를 선정한다.
  - 큰 소리로 주제 읽기 : 주제를 소리 내어 읽으면서 분석하고, 이해한다. MBC 〈뇌깨비야 놀자〉 '우리 아이 뇌를 깨우는 101가지 비밀'에 따르면 낭독은 시각, 청각, 입 운동 등 많은 자극이 동시에 이루어져 뇌를 활성화시킨다고 한다.
  - 주제 상호 이해 : 대화와 질문을 통해 각자 주제에 대해 이해한 내용 공유하기, 주제 이해 수준 맞추기, 주제 상호 이해한 내용 정리하기 활동을 한다.
- 3단계 하브루타 실시 : 조 구성과 찬반을 결정해 토론한 후 입장을 바꾸어 다시 토론한다.
  - 조 구성 & 찬반 결정 : 반드시 2인 1조로 조를 구성한 후 찬성과 반대를 결정한다. 가위바위보 등 간단한 게임을 한다. 필자는 둘 중 머리카락이 긴 사람, 둘 중 학급 번호가 빠른 사람 등

탈무드 하브루타 러닝 절차

구분	세부 활동
두뇌 열기	· 기억 연습 · 기억 떠올리기 · 전시 학습 기억헤서 쓰기, 친구에게 실명하기
주제 이해	· 주제 선정하기 · 주제 소리 내어 읽으며 주제 분석하기 · 주제 상호 이해하기
하브루타 실시	· 조 구성 및 찬반 입장 결정 · 하브루타 1 　① 자기 주장과 근거를 제시한다. 　② 상대방 주장에 대해 반론한다.
	· 역할 바꾸기 · 하브루타 2 　① 자기 주장과 근거를 제시한다. 　② 상대방 주장에 대해 반론한다.
상호 피드백	· 하브루타 결과 찬반 내용을 작성한다. · 서로 합의하는 창의적 해결 방안을 도출한다. · 합의 내용을 발표하고 공유한다.

　　이 먼저 입장을 선택하게 한다.

　　- 하브루타 1, A(찬성) B(반대) : 각자 입장을 밝히고 주장과 근거를 제시한다. 그리고 서로 반론한다.

　　- 하브루타 2, A(반대) B(찬성) : 각자 입장을 밝히고 주장과 근거를 제시한다. 그리고 서로 반론한다.

· 4단계 상호 피드백 : 상호 피드백은 하브루타 후에 내용을 정리하는 단계이다. 찬성과 반대 의견에 대한 주장과 근거를 논리적으로 글로 쓰게 한다.

　　- 하브루타 결과 정리 : 찬반 토론 결과를 작성한다.

- 창의적 해결 합의 : 찬반 주장에 대해 근거가 타당한지 확인한
  다. 두 사람의 공통 요소를 찾아 합의된 내용을 정리한다.
- 합의 내용 발표 : 합의 내용을 발표해 공유한다. 다른 조의 발
  표를 통해 다양한 주장과 근거를 학습한다.

탈무드 하브루타 러닝 활동지

주제		A	B
하브루타		A	B
결과 정리	하브루타 1	찬성	반대
	하브루타 2	반대	찬성
창의적 해결			

하브루타,
수업에 응용하기

3장에서는 응용 하브루타에 대한 이야기를 해보려고 한다. 응용 하브루타는 기본 모형을 바탕으로 다양하게 수업에 응용해 적용한 것이다. 주로 질문, 토의·토론, 논쟁, 친구 가르치기 등을 수업에 맞게 응용해 실천한 사례이다.

짝과 공통점 찾기

짝과 공통점 찾기는 질문을 통해 짝과 공통점을 찾는 활동이다. 하브루타는 하드웨어가 짝이고 소프트웨어가 질문이다. 이 활동은 짝과 친밀감을 갖게 하고, 동시에 질문의 중요성을 깨닫게 한다. 짝과 빨리 친해지는 가장 좋은 방법은 서로의 공통점을 찾게 하는 것이다. 질문과 대화를 나누는 과정에서 서로의 공통점을 하나하나 알아가고 이 활동을 통해 친밀감을 높일 수 있다. 절차는 다음과 같다.

- 하브루타 유래와 수업을 위해 짝의 소중함을 설명한다.
- 먼저 짝과 악수를 하고 인사하게 한다.
- 짝과 공통점을 10가지 찾도록 한다. 공통점을 찾을 때마다 하이파이브를 하게 한다.
- 공통점 10가지를 기록한다.
- 교사는 1~2개 팀의 공통점을 발표하게 한다. 아이들의 활동

을 관찰하면서 특별히 활기차거나 웃음이 넘치는 팀을 선정한다. 또는 팀별로 특별한 공통점 1가지씩만 돌아가면서 발표하게 할 수도 있다. 이 활동을 통해 학급 전체 구성원의 면면을 빨리 익히게 할 수도 있다.

공통점을 찾기 위해서는 계속 질문해야 한다. 혈액형, 취미, 종교, 좋아하는 운동, 좋아하는 음식, 가족 관계(가족 수, 형제나 자매 수 등), 사는 동네, 고향, 진로나 꿈, 졸업한 중학교 등 다양한 이야기를 묻고 대답한다. 공통점을 하나씩 찾을 때마다 아이들의 친밀도와 성취감이 높아진다.

게임식으로 해서 가장 빨리 찾는 팀에게는 사탕 등으로 시상하면 훨씬 활기찬 분위기를 만들 수 있다. 짝과 공통점 찾기는 학기 초에 짝과 유대감을 갖고, 서로를 알아가기 위한 활동으로 매우 효과적이다. 수업 활동 이외에 담임의 학급 활동으로도 유용하다. 필자의 수업에서는 다음과 같은 공통점들이 나왔다.

외모(쌍꺼풀, 얼굴의 점 위치, 헤어스타일 등), 복장(체육복 착용, 하의 색깔, 양말 색깔 등), 좋아하는 대상(연예인, 아이돌 가수, 음식, 운동 등), 소지품(휴대폰 기종, 안경, 시계 착용 여부), 남자 친구 유무, 졸업한 초등학교나 중학교, 같은 학원, 사는 동네, 등하교 때 타는 버스 번호 등.

모둠 질문 게임

모둠에서 1명씩 자기가 좋아하는 것을 말하고, 다른 사람은 1개씩의 질문을 하는 것이다. 사이토 다카시의 《질문의 힘》에 나오는 질문 게임을 모둠 활동으로 응용한 것이다. 게임을 통해 질문 훈련을 하면서 모둠원의 친밀감을 높일 수 있다. 필자가 근무했던 학교에 철학자 강신주의 강연이 있었는데, 그는 학생들에게 '내가 누구인가?'에 대한 질문을 했다. 그리고 그에 대한 해답을 찾는 방법은 '내가 좋아하는 것이 무엇인가?'를 물어보는 것이라고 했다. 내가 좋아하는 것을 알게 되면, 내가 하고 싶은 일이 명확해진다. 자연스럽게 진로교육과 연계될 수 있다. 모둠 질문 게임 절차는 다음과 같다.

- 좋아하는 것 말하기 : 모둠에서 순서를 정하여 자기가 좋아하는 것을 말한다. 예를 들어 "나는 여행을 좋아해"라고 말한다.
- 질문하기 : 나머지 모둠원들은 돌아가면서 1개씩의 질문을 한다. 이때 발표자는 모든 질문을 활동지에 적는다. 모든 모둠원의 질문이 끝날 때까지 발표자는 대답하면 안 된다. 왜냐하면 중간에 대답하면, 다른 사람의 질문을 방해할 수 있기 때문이다.
- 대답과 질문 : 모둠원의 질문이 끝나면, 발표자는 질문에 대

답한다. 모둠원은 대답에 대해서 꼬리를 무는 질문을 할 수 있다.

5명이 한 모둠으로 구성되었던 필자의 수업 사례는 다음과 같다.

나는 외국 드라마를 좋아해

질문 1 : 왜 좋아해?

질문 2 : 가장 인상 깊은 드라마와 이유는?

질문 3 : 가장 좋아하는 배우는?

질문 4 : 가장 인상 깊은 장면은?

나는 가을이(강아지)를 좋아해

질문 1 : 가을이를 키우는 이유는?

질문 2 : 가장 귀여운 사진은?

질문 3 : 이름이 왜 가을인가? 가을에 태어났는가?

질문 4 : 가을이 옷 중에 제일 예쁜 옷은?

자기가 좋아하는 것이 무엇인가를 스스로 물어보는 가운데 자신이 하고 싶은 일이 무엇인가를 생각할 수 있다. 질문이 오고 가는 가운데 자연스럽게 서로에 대한 관심이 높아지고 친밀감을 형성한다. 무엇보다 이 활동을 하는 동안 아이들의 표정이 좋다. 자기가 좋아하는 것을 생각하고, 말하는 것 자체가 행복이다.

여름 방학 후 개학 첫 시간에 '여름 방학 때 ○○○할 때가 가장 행복했다'를 주제로 모둠 질문 게임을 하는 것도 재미있다. 방학 동안 서로의 즐거웠던 시간을 추억하며, 새 학기의 첫 시간을 유쾌하게 시작할 수 있기 때문이다. 학생 수업 소감은 다음과 같다.

> ▸ 친구들이 좋아하는 것을 알게 되어 더욱 친해진 기분이 들었다. 분위기도 화기애애해서 내가 좋아하는 것에 대해 더 많이 알려주고 싶었고, 친구들이 좋아하는 것에 대해 더 알고 싶었다. 영화나 노래 감상 등을 좋아할 것으로 생각했는데 강아지나 색깔을 좋아하는 등 다양한 대답이 나와서 재미있었다. 그리고 내가 좋아하는 것에 대해 한 번 더 생각해볼 기회였다.

Top 10 게임

분야별 Top 10을 모둠별로 가장 많이 알아맞히는 게임이다. Top 10을 찾고, 순위를 정할 때 근거를 제시하는 과정에서 모둠 내에서 열띤 토론과 브레인스토밍이 이루어진다. 수업과 관련 있거나 학생들의 흥미, 진로 등을 반영하는 내용으로 하는 것이 효과적이다.

통합사회 수업에 '행복의 이상적인 조건' 단원이 있다. 질 높은 정주 환경, 경제적 안정, 민주주의 발전, 도덕적 성찰 등이 조건으

하브루타로
교과수업을
디자인하다

로 나온다. 수업 후 '행복지수가 가장 높은 나라 Top 10'을 찾게
한 후, 공통점을 도출하는 모둠 활동을 했다. 수업 절차는 다음과
같다.

- 주제 제시 : '행복지수가 가장 높은 나라 Top 10'을 찾게 한다.
- 모둠 활동 : 학생들은 토론과 브레인스토밍을 통해 Top 10을
  정한다. 순위는 상관없다.
- 우승팀 선정 : 교사는 정답을 10위부터 발표한다. 맞힐 때마다
  아이들은 환호성을 한다. 순위와 상관없이 가장 많이 맞힌
  팀이 우승이다. 필자의 수업에서는 8개를 맞힌 팀이 우승이
  었다.
- 수업과 연계 : 행복지수가 높은 나라의 공통점을 모둠별로 3개
  씩 발표하게 한다.

아이들이 찾은 행복지수가 높은 나라의 공통점은 다음과 같다.
수업에서 다룬 행복한 사회의 조건과 연계하여 설명하면 효과적
이다.

- 민주주의 발전
- 높은 소득
- 복지 국가
- 높은 시민의식

- 치안이 보장
- 자연 환경이 잘 보존
- 높은 문화 수준과 여가 활동 보장
- 국제 분쟁이 없음
- 부정부패가 적음
- 낮은 인구 밀도
- 경쟁보다 협력을 강조하는 교육

　　다음은 수업 시간에 활용 가능한 사례이다. 매년 달라지는 통계는 발표 연도를 제시해야 정확성을 유지할 수 있다. 아래의 행복 지수는 2018년, 민주주의 지수는 2017년 자료이다.

순위	행복지수	민주주의지수	IQ 높은 나라
1	핀란드	노르웨이	한국(106)
2	노르웨이	아이슬란드	일본(105)
3	덴마크	스웨덴	대만(104)
4	아이슬란드	뉴질랜드	싱가포르(103)
5	스위스	덴마크	네덜란드(102)
6	네덜란드	아일랜드	오스트리아(102)
7	캐나다	캐나다	이탈리아(102)
8	뉴질랜드	호주	독일(102)

| 9 | 스웨덴 | 핀란드 | 스웨덴(101) |
| 10 | 호주 | 스위스 | 뉴질랜드(100) |

그 외, 세계언론자유지수, OECD 국가 부패인식지수, 세계성차별지수, 환경성과지수, 유리천장지수, 초·중고생 희망 직업 상위 10위 등도 과목별로 활용할 수 있다. Top 10 게임 후 학생 소감은 다음과 같다.

> ▶ 모둠 친구들과 게임을 하며 노는 것처럼 자연스럽고 재미있게 이야기를 했다. 친구들과 추론을 통해 하나씩 맞힐 때마다 쾌감이 있었다. 게임 형식이어서 재미있게 참여하면서 자연스럽게 기억할 수 있게 되었다. 처음에는 부유한 국가가 행복지수가 높을 것으로 생각했는데 친구들과 서로 맞추어보니 행복지수는 경제 수준이 아닌 복지 정책에 따라 결정된다는 것을 알게 되었다. 10위권에 우리나라가 없는 것을 당연하게 생각한 나 자신이 서러워지기도 했다.

키워드 질문 하브루타

수업의 가장 핵심 키워드만 제시해 질문을 만들게 하는 하브루타이다. 수업에서의 키워드는 학생들이 학습해야 할 가장 중요한 내용을 한 단어로 표현한 것이다. 학습목표에서 키워드를 도출하는 것이 효과적이다. 윤리 시간에는 다양한 사상가를, 사회 시간에는 민주주의, 평등, 인권 등을 제시할 수 있다. 지리 시간에는 지명을, 국사 시간에는 인물과 사건을 제시하면 효과적이다. 절차는 다음과 같다.

- 키워드 제시 : 수업의 핵심 단어를 제시한 후 질문을 만들게 한다. 학습목표에서 찾는 것이 효과적이다.
- 개별 활동 : 키워드와 연관된 질문을 만들게 한다. 시간을 안배해 3~5개 정도의 질문을 만들도록 한다.
- 짝 토론 : 각자가 만든 가장 좋은 질문을 짝에게 설명한다. 질문을 만든 이유, 질문에 대한 자기 생각을 이야기한다. 설명을 들은 짝은 자기 생각을 이야기한다. 또한 다른 질문을 할 수도 있다.
- 모둠 토론 : 짝 토론과 같은 방법으로 가장 좋은 질문을 모둠에서 1개 선정한다.
- 판서 및 발표 : 모둠별 최고의 질문을 만든 학생이 질문 내용을 판서한다. 시간 여유가 있으면 질문을 만든 이유와 질문에 대

해 모둠에서 나눈 이야기를 설명하게 한다. 시간 여유가 없으면 각 모둠에서 나온 6~8개의 질문을 읽는 것만으로도 충분한 의미가 있다.

• 쉬우르 : 교사는 질문에 대해 보충 설명을 한다. 6~8개의 질문을 유목화하는 과정도 의미가 있다. 가장 의미 있는 질문을 선정해서 전체 학생들을 대상으로 질문을 던지면서 학생들의 생각을 계속 촉진하는 것도 효과적이다. 중요한 질문의 경우 다음 차시에 토론 활동으로 연결할 수도 있다.

고등학교 1학년 통합사회 1단원의 키워드가 '행복'이다. 따라서 본격적인 수업 전에 행복이라는 단어만 제시한 후 아이들에게 질문을 만들게 한 결과 다음과 같은 질문이 만들어졌다.

- 나는 행복한가?
- 사람들은 왜 행복을 추구하는가?
- 돈으로 행복을 살 수 있는가?
- 만족과 행복은 다른 것일까?
- AI(인공지능)도 행복을 알 수 있을까?
- 욕심을 버리면 행복해질까?
- 청소년이 가장 행복한 나라는 어디일까?
- 미래의 행복을 위해 현재의 행복을 희생하는 것은 옳은가?
- 우리 사회에 행복하지 않은 사람이 많은 이유는?

- 왜 행복해야 하는가?
- 우리나라 사람들은 왜 경제적 수준에도 불구하고 행복하지 않은 사람이 많은가?

필자는 아이들이 만든 질문 가운데 다수결로 최고 질문을 선정한 후, 꼬꼬질 하브루타와 근거 만들기 하브루타, 논술 활동을 했다.

꼬꼬질 하브루타

꼬꼬질 하브루타는 꼬리에 꼬리를 잇는 질문 만들기이다. 이는 질문을 만드는 훈련 과정이며, 질문의 중요성을 깨닫게 하는 활동이다. 짝 활동으로 한 학생이 질문하면, 다른 학생은 대답한다. 대답에 대해 계속 또 다른 질문을 던진다. 어느 정도 질문이 오고 간 후, 역할을 바꾸어 질문과 대답을 한다.

수업에서 키워드 하브루타를 통해 만든 질문 중에서 가장 좋은 질문을 다수결로 선택한 결과 '미래의 행복을 위해 현재의 행복을 희생하는 것이 옳은가?'가 선정되었다. 이를 논제로 다음과 같은 꼬꼬질 하브루타가 이루어졌다.

A : 미래의 행복을 위해 현재의 행복을 희생하는 것이 옳은가?
B : 옳지 않다고 생각해.

A : 왜 그렇게 생각해?

B : 미래의 행복은 확신할 수 없기 때문이야.

A : 네가 생각하는 미래의 행복은 무엇이지?

B : 좋은 대학, 좋은 직장에 가는 것이야.

A : 현재의 행복은 무엇일까?

B : 당장 하고 싶은 것이지. 예를 들어, 공부해야 할 시간에 잠을 자거나 놀러 가는 것 등이 있어.

A : 현재 너는 미래를 위해 행복을 희생하고 있다고 생각해?

B : 어느 정도는 하고 있다고 생각해.

A : 어떤 게 미래를 위한 희생이지?

B : 공부하기 싫지만, 시험 기간이라서 공부를 해야 할 때.

A : 미래를 위한 희생이 꼭 불행인가?

B : 그건 아니라고 생각해. 만약 나중에 목표를 이룬다면 추억이 될 수도 있을 것 같아.

A : 만약 현재의 행복에만 집중한다면 미래의 내가 과거 자신의 행동을 후회하지 않을까?

B : 그럴 수도 있을 것 같아. 너는 미래의 행복을 위해 현재의 행복을 희생하는 것에 대해 어떻게 생각해?

A : 나는 그렇게 해야 한다고 생각해.

B : 왜 그렇게 생각해?

A : 지금의 행복을 포기함으로써 미래에 더 크고 오랫동안 행복을 누릴 수 있기 때문이야.

B : 미래의 행복을 확신할 수 있을까?

A : 물론 확신할 수는 없지만, 더 큰 행복을 위한 일종의 투자라고 생각해.

B : 나는 현재의 행복도 중요하다고 생각해. 《책은 도끼다》라는 책에서 순간순간의 행복을 찾으라는 말이 기억나.

A : 순간순간의 행복을 찾기 위해 꼭 현재를 희생해야 할까?

B : 꼭 그런 것은 아닌 것 같아. 피할 수 없으면 즐기는 것도 방법이지.

아이들의 활동 소감은 다음과 같다

▶ '미래의 행복을 위해 현재의 행복을 희생하는 것이 옳은가?'라는 질문을 통해 내 삶에 대해 진지하게 돌아보게 되었다. 질문을 통해 내가 미래를 위해 얼마나 희생하고 있는지와 더불어 현재 삶의 중요성을 깨닫게 되었다. 계속 질문하기 위해서는 친구의 이야기에 집중해야 했고, 많은 생각을 해야 했다. 질문에 대답할 때는 친구의 예상치 못한 질문에 평소에 생각해보지 못했던 부분에 대해 생각하게 되어 좋았다.

▶ 끊임없이 질문하고 대답하는 과정에서 행복에 대해 진지하게 생각하는 계기가 되었다. 내가 확고하게 가지고 있던 생각이 꼬리에 꼬리를 무는 질문에 깨질 때는 당황스러웠다. 친구와 심도 있게 토론하는 과정에서 나 자신이 한층 더 성숙해진 것 같다. 좋은 경험이라고 생각한다.

2분 짝 토론

하브루타는 두 사람이 서로 논쟁하는 활동이다. 필자는 이를 '2분 짝 토론'이라는 이름으로 수업 시간에 수시로 실시한다. 논제를 제시한 후 2분 동안 쉬지 않고 토론하게 하는 방법이다. 2분 후에는 입장을 바꾸어 토론을 이어갈 수 있다.

전체 토론을 할 경우, 평소 소극적인 학생은 쉽게 토론에 참여하지 못한다. 하지만 '2분 짝 토론'은 모든 학생이 주어진 시간 동안 토론해야 한다. 한 학급에 30명이 있다면 15개의 하브루타가 이루어지는 것이다. 어느 학생도 소외될 수 없다. '2분 짝 토론'의 규칙은 정해진 시간이 끝날 때까지 논쟁이 계속 이어져야 한다는 것이다. 이를 위해서 반박보다는 상대방의 이야기를 경청한 후 질문하는 것이 훨씬 효과적임을 사전에 설명한다. 또한 어떤 경우에도 중간에 자신의 입장을 포기해서는 안 된다. 필자는 주로 동기 유발을 하는 도입 하브루타로 실시하며, 다음과 같은 주제들로 '2분 짝 토론'을 실시했다.

출처 : 생활과 윤리, 미래앤 교과서, p. 30

☞ 내가 만일 앞의 만화 속 여자 주인공이라면 거짓말을 해야 할까? (의무론적 윤리)

이 논제에 대해 학생들은 다음과 같은 근거를 제시했다.

사실대로 말한다	거짓말을 한다
· 거짓말은 옳지 않다. · 거짓말이 드러나면 위험하다. · 독립운동가가 아닌 범죄자일 수 있다. · 법을 어긴 사람을 숨겨주는 것은 옳지 않다. · 공익을 위해 개인의 희생을 강요하는 것은 옳지 않다.	· 어려운 사람은 도와야 한다. · 독립운동가를 돕는 것은 국민의 의무이다. · 생명을 살리는 일이다. · 나는 매국노가 아니다. · 우리를 침략한 일본을 돕는 일은 옳지 않다.

☞ 다음에서 당신은 어떤 구슬을 선택할 것인가? (행복의 조건)

- 파란 구슬 : 당신은 한 해 3천만 원을 벌고, 다른 사람은 절반을 번다.
- 빨간 구슬 : 당신은 한 해 1억 원을 벌고, 다른 사람은 2억 원을 번다.

이외에도 사형제도, 안락사, 낙태 등 다양한 찬반 논제나 사회적 이슈가 되는 문제에 대해 '2분 짝 토론'을 실시할 수 있다. 절차는 다음과 같다.

• 논제 제시 : 찬반 입장이 명확한 논제를 제시한다.

2분 짝 토론을 하는 모습

- 입장 정하기 : 개인별로 찬반 입장을 정한다. 먼저 각자 입장을 말한 뒤 찬반으로 입장을 정한다. 만약 입장이 같다면 가위바위보로 정한다.
- 근거 만들기 : 활동지에 근거를 적는다. 시간은 1분 내외가 적당하다.
- 2분 짝 토론 : 찬성 측이 먼저 입장을 말한다. 이어서 반대 측이 질문과 반박을 한다. 이때 교사는 2분 시간을 부여하며 플래시 타이머를 활용하는 것이 효과적이다. 플래시 타이머는 인터넷에서 검색하면 내려받을 수 있다.
- 입장 바꾸기 : 입장을 바꾸어 2분 짝 토론을 한다.(생략 가능)

학생들의 소감은 다음과 같다.

▸ 보통 토론 수업은 반 전체를 찬반으로 나누어서 한다. 발언하는 사람은 정해져 있고, 대부분 듣기만 한다. 처음에는 잘 듣다가 시간이 지나면 집중하기 어렵다. 이런 토론이 싫어서 토론 수업에 한 번도 말한 적이 없었다. 가끔 말하고 싶을 때도 있지만, 부담스러워서 말하지 않았다. 그런데 친구와 둘이서 토론하다 보니 집중이 잘되었고, 말을 많이 했다. 시간도 모자랐다. 처음에는 양을 보고 빨간 구슬을 선택했지만, 남들이 돈을 많이 가질수록 돈의 가치가 떨어지고, 물가 상승을 고려한다면 상대적으로 많은 것이 유리하다는 결론을 내리게 되었다. 이로 인해 돈은 절대적인 것이 아니라 상대적인 가치라는 것을 깨달았다.

▸ 평소 친구와 게임이나 아이돌 이야기밖에 하지 않았는데, 처음으로 진지하게 내 생각을 논리적 근거를 갖고 쉴 틈 없이 이야기한 좋은 경험이었다. 많은 사람이 아닌 단둘이서 하는 토론이라 부끄러움 없이 자신 있게 말할 수 있었다. 토론하면서 어느새 친구 말에 경청하고 있었고 생각의 차이를 인정하게 되었다. 원래 파란 구슬을 선택했는데 토론 후 빨간 구슬을 선택하는 것도 꽤 괜찮은 선택이라고 느꼈다.

10분 하브루타

강의 수업을 오래 한 교사일수록 새로운 수업 방법에 대한 부담감이 있다. 10분 하브루타는 강의 수업을 계속 유지하면서 마지막 10분을 하브루타로 정리하는 것이다. 교사 입장에서 40분 동안 강의 수업을 계속할 수 있으며, 학생 입장에서는 10분 동안 복습할 수 있다. 에빙하우스의 망각 곡선에 의하면 학습 후 한 시간이 지나면 절반을 잊는다고 한다. 그런데 바로 복습하면 훨씬 오래 기억이 유지된다. 교사는 강의를 10분만 줄이면 되고, 학생은 수업 시간에 복습해 훨씬 오래 기억할 수 있다.

헨리 뢰디거 교수는 《어떻게 공부할 것인가》에서 배운 내용을 기억에서 꺼내는 노력을 많이 할수록 오래 기억하게 된다고 주장한다. '친구에게 설명하기'와 '기억해서 쓰기'는 바로 기억에서 꺼내는 활동이다. 단순한 반복 복습보다 훨씬 효과적인 공부법이다. 이는 강성태가 《강성태 66일 공부법》에서 가장 효과적인 공부법으로 소개한 '트리플 학습법'을 통해서도 확인할 수 있다.

- 1단계 : 집중해 읽는다.
- 2단계 : 교재를 보지 않고 남에게 설명하듯 말해본다.
- 3단계 : 연습장에 교재를 안 보고 그 내용을 전부 써본다.

• 1단계 개별 복습(3분) : 40분 동안 배운 내용을 3분간 복습한다. 친구 가르치기를 위한 복습이므로 머릿속으로 말하듯이 암기하는 것이 효과적이다.
• 2단계 친구 가르치기(3분) : 학습 내용을 반으로 나누어 친구에게 서로 설명한다. 필요한 경우 질문을 한다.
• 3단계 공부한 내용 쓰기(2분) : 공부한 내용을 백지에 쓴다. 단어나 명사형으로 쓴다.

• 4단계 발표(2분) : 교사는 가장 많이 쓴 학생을 지명한다. 20개 이상 적은 사람, 25개 이상 적은 사람… 이런 식으로 올라가면 쉽게 가장 많이 쓴 학생을 찾을 수 있다. 가장 많이 쓴 학생의 내용을 발표하게 한다. 발표 학생은 낭독을 통해서 복습하고, 듣는 학생은 수업에서 배운 내용을 파노라마처럼 떠올릴 수 있다. 발표 후 빠진 내용을 다른 학생에게 물을 수도 있고 교사가 정리할 수도 있다.

10분 하브루타는 짧은 시간 동안 개별 복습, 친구에게 설명하기, 떠올려서 쓰기, 발표 및 듣기를 통해서 네 차례나 복습을 반복한다. 혼자 공부하는 것보다 훨씬 집중력 있게 복습하게 한다. 단원 내용에 따라서 1, 2단계를 친구 가르치기가 아닌 질문 만들기로 해도 좋다. 또한 1, 2 단계를 마친 후 문제 만들기를 하는 것도 효과적이다.

공부는 학(學)과 습(習)이다. 이제까지 강의 수업에서 학(學)만으로 50분을 채웠다면, 이제는 습(習)을 통해 아이들에게 복습할 기회를 주자. 기존의 강의를 계속하되 10분만 줄이면 된다. 교사도 편하고, 학생에게도 큰 도움이 된다.

인물 디베이트

인물 디베이트는 서로 다른 주장을 하는 인물에 대한 수업 후

하브루타로 교과수업을 디자인하다

입장을 나누어 논쟁하는 것이다. 윤리 교과서에는 대립하는 주장을 가진 사상가들이 등장한다. 소설에는 갈등 관계에 있는 인물들이 등장한다. 역사 속에도 상반된 입장을 가진 인물들이 많다. 사회 과목에도 사회 현상에 대한 다른 입장을 가진 사람들이 있다. 학생들이 이 중 한 사람의 입장이 되어 상대방과 논쟁하는 것이 인물 디베이트이다. 마치 법원에서 검사와 변호사가 논쟁하듯이 수업에서 논쟁하는 훈련을 하는 것이다.

가장 뇌가 활성화될 때가 논쟁할 때라고 한다. 상대의 주장을 집중해서 들으면서 반박 논리를 만들어야 한다. 그리고 자신의 주장을 논리적으로 설명해야 한다. 때로는 손동작과 같은 몸짓도 필요하다. 귀와 입, 손 등 우리 몸의 두뇌 활동과 관련된 기관들이 총출동하게 된다.

예를 들어, 윤리 과목에서는 사상가들에 대한 수업 후 적용할 수 있다. 각 과목에 맞는 주제나 인물을 생각해보기 바란다. 미리 공부할 시간을 준 후 실시하거나, 활동 후 각자의 입장을 함께 정리할 시간을 주면 효과적이다. 절차와 윤리 수업의 사례는 다음과 같다.

- 1단계 개별 학습 : 배운 내용에 대해 복습한다. 2~3분 내외가 적당하다.
- 2단계 논쟁하기 : 각자 입장을 정한 후 그 사람의 입장에서 상대방과 논쟁한다.
- 3단계 역할 바꾸어 논쟁하기 : 입장을 바꾸어 논쟁한다.

인물 디베이트 하는 모습

• 4단계 정리 : 마인드맵 또는 비주얼씽킹 등으로 정리한다.

- 칸트와 벤담 : 의무론과 공리주의

- 벤담과 밀 : 양적 공리주의와 질적 공리주의

- 칸트와 베카리아 : 사형제도 찬반

- 롤스와 노직 : 분배에 대한 국가 역할과 개인의 자유

- 싱어와 노직 : 선진국의 빈곤국 원조에 대한 의무 여부

- 이황과 이이 : 이기론(理氣論)

- 벤담과 싱어 : 인간 중심주의와 동물 중심주의(환경 윤리)

- 벤담과 레오폴드 : 인간 중심주의와 생태 중심주의(환경 윤리)

- 소피스트와 소크라테스 : 상대주의 윤리와 절대주의 윤리

- 공자와 노자 : 인위적인 덕(德)과 무위(無爲)

- 맹자와 한비자 : 덕치와 법치

– 주희와 왕양명 : 성리학과 양명학

경우에 따라 상황을 준 후 논쟁하게 할 수 있다. 인간의 편리함을 위해 산에 터널을 뚫는 상황을 두고 벤담과 레오폴드의 입장에서 논쟁하게 할 수도 있다. 다음은 환자가 안락사를 요청하는 상황에서 한 사람은 칸트, 다른 사람은 벤담이 되어 논쟁한 후의 수업 소감이다.

▶ 토론 전에 칸트와 벤담 각각의 입장에서 근거를 생각해보았다. 칸트는 정언명령 내용을 참고했고, 벤담은 유용성의 원리를 기반으로 근거를 만들었다. 나는 칸트의 역할을 맡았는데 토론하면서 내가 칸트의 보편화 가능성의 원칙에 대해 잘못 알았던 부분을 친구의 반박을 통해 알게 되었다. 이런 토론이 익숙하지 않아 반박이 낯설고 어렵게 느껴지긴 했지만, 짧은 시간 입장이 다른 사상가가 되어 안락사를 생각할 수 있는 좋은 기회였다. 단순히 사상가를 암기하는 것보다 훨씬 재미있고 머릿속에 잘 저장된 것 같다.

▶ 나는 칸트 입장에서 안락사에 반대했다. 칸트의 인간 존엄성에 대해 말하며, 중세 자연법 사상가인 토마스 아퀴나스의 자기 보존 의무, 기독교 사상의 신성에 대한 모독을 더해 나의 주장을 폈다. 칸트 입장에서 벤담에게 질문하고 대답하다 보니 어느 순간 몰입하게 되었고, 내가 마치 그 분야의 권위자가 된 듯한 기분이 들었다. 그리고 상대에게 반박하기 위해 벤담에 대해서도 충분히 알아야 함을 깨달았다.

수업 규칙 만들기

수업에서 교사가 어려움을 겪는 일 중의 하나가 자는 학생을 깨우는 일이다. 이런 유머가 있다.

선생님 : 자는 녀석 깨워라.
학생 : 재운 사람이 깨우시죠.

수업 시간에 자는 학생이 있을 경우 교사의 대처는 다양하다. 어떤 날은 이름을 부르고, 어떤 날은 뒤에 가서 서 있게 하고, 어떤 날은 화를 내기도 한다. 또 어떤 날은 상관하지 않고 그냥 재우기도 한다.

교사가 학생들을 지도할 때 규칙의 일관성이 있어야 한다. 대상에 따라서, 또는 교사의 감정에 따라서 지도 방법이 달라진다면 학생들에게 불만의 소지를 줄 수 있다. 따라서 학생이 직접 수업 규칙을 만들고 교사가 일관성 있게 적용한다면 불만의 소지가 줄어든다. 필자는 3월 첫 수업 시간에 하브루타로 수업 규칙을 정한다. 정해진 규칙을 2~3주 동안만 엄격히 적용하면 그 이후는 학생들이 저절로 규칙을 준수한다. 절차는 다음과 같다.

• 개별 활동 : 포스티잇을 나눠준다. 수업 시간 자는 학생에게 적용할 벌칙을 1개씩 적게 한다. 이때 자신이 벌칙의 대상자

가 될 수 있음을 상기시킨다.

- 짝 토론 : 각자 적은 규칙을 짝에게 설명한다. 그중에서 학급 전체 규칙으로 적절한 규칙을 선택한다.
- 모둠 토론 : 짝 토론을 통해 선택된 2가지 규칙 중 더 나은 규칙을 선택한다.
- 다수결 선택 : 모둠에서 선택된 포스트잇은 칠판에 붙인다. 비슷한 벌칙이 있으면 유목화한다. 그리고 다수결로 선택한다.

필자는 남자 고등학교에 근무했을 때 분무기로 입에 물 뿌리기를 수업 규칙으로 정한 적이 있다. 물론 하브루타를 통해서이다. 매시간 분무기에 정수된 물을 담아가서 자는 학생들을 깨워 입에 뿌려주었다. 비교적 거부감 없이 재밌게 아이들의 잠을 깨울 수 있었다. 지금은 여자고등학교에 근무 중인데 '뒤에 가서 서 있기'가 많이 선택된다.

목차 질문 하브루타

목차 질문 하브루타는 교과서 목차로 질문을 만드는 활동으로, 학년 초에 수업 오리엔테이션을 할 때 유용하다. 목차에는 단원명이 나열되어 있다. 단원명에는 교과서의 핵심 성취기준의 키워드가 포함되어 있다. 방법은 목차에 나오는 대단원별로 1~2개의 질문을 만들게 하는 것이다. 물론 짝 토론과 모둠 토론을 통해 질문 내용을 공유할 수도 있다. 목차를 통해 질문을 만든다면 다음의 효과를 기대할 수 있다.

첫째, 과목을 통해 배우는 교육과정 전체를 이해할 수 있다. 질문을 만들기 위해 목차의 단원을 꼼꼼히 읽게 된다. 그 과정에서 한 해 동안 배우는 내용 전체를 이해할 수 있다. 이를 통해 자연스럽게 한 해 동안 배울 내용에 대한 수업 오리엔테이션을 하게 된다. 목차 하브루타를 통해 숲을 먼저 본 후 나무에 접근하는 것이다.

둘째, 과목에 대한 호기심을 키울 수 있다. 진정한 공부는 호기심에서 출발한다. 교사가 강의를 통해서 교과의 모든 내용을 쏟아내는 수업에서 아이들은 호기심을 가질 수 없다. 목차를 통해 한 해 동안 배울 내용에 대해 질문을 만드는 과정에서 아이들은 자연스럽게 과목에 대한 호기심을 갖는다. 입학사정관들은 수업에서 가진 호기심을 동아리나 독서 등의 비교과 활동을 통해 해결하려는 노력을 높이 산다. 수업에서 아이들에게 호기심을 갖게 하고 이를 비교과 활동과 연결한다면, 과목 세부능력 및 특기 사항이나 자기소개서의 좋은 소재가 될 수 있다.

셋째, 질문 만들기 훈련을 통해 하브루타 수업의 오리엔테이션을 하게 된다. 하브루타 수업을 위해서는 계속 질문 만들기가 필요하다. 학년 초에 목차 하브루타를 통해 질문의 중요성과 질문 만들기 훈련을 자연스럽게 할 수 있다.

마인드맵 하브루타

마인드맵은 소단원이나 중단원을 마친 후 전체 내용의 맥락을 정리하는 복습 활동으로 유용하다. 필자는 중간고사나 기말고사를 치기 전 진도가 빠른 반에서 이 활동을 한다. 단순히 자습 시간을 주는 것보다 복습에 더 유용하기 때문이다. 이때 학생들이 자유롭게 마인드맵을 그리게 하는 것도 좋지만 중요한 핵심어를 몇 개 제시해주는 것도 효과적인 방법이다. 꼭 알아야 할 중요한 단어를 몇 개 제시한 후 반드시 그 단어를 마인드맵에 포함하게 하는 것이다. 학생들은 핵심어와 관련한 부분을 교과서에서 자세히 찾아보게 되며, 중요한 개념을 자연스럽게 익히게 된다.

마인드맵 하브루타는 짝 활동으로 친구 가르치기 하브루타의 일환이다. 단, 짝이 맞지 않는 학생이 있으면 3명도 가능하다. 마인드맵을 혼자 그리는 것이 아니라 2명이 순서대로 함께 그려나가는 것이다. 용지는 B4나 A3를 사용하는 것이 활동에 효과적이다. 이때 중요한 것은 각자 핵심어를 쓴 후 반드시 그 단어에 대해 설명하게 한다. 설명을 통해 자연스럽게 친구 가르치기 활동을 하게 되며, 이는 장기 기억에 도움을 준다. 또한 설명하다가 막히는 부분에서는 교과서를 찾아보거나 친구 도움을 통해 개념을 명확히 익히게 된다.

마인드맵 하브루타를 하기 전에 단원 복습 시간을 부여하면 학생들의 집중력이 높아진다. 필자는 혼자서 마인드맵을 그리게 해

마인드맵으로 친구 가르치기를 하는 모습

서 기본 개념을 정리하게 한 후, 짝 활동으로 마인드맵 하브루타
를 실시했다. 절차는 다음과 같다.

- 마인드맵 활동을 할 범위를 정해준 후, 주제를 제시한다. 용
지 가운데 크게 주제를 적게 한다.
- 마인드맵을 만들어나간다. 먼저 A학생이 핵심어를 적은 후
설명을 한다. 그다음 B학생이 받아서 또 다른 핵심어를 적고
설명을 한다. 이런 식으로 교대로 설명하면서 마인드맵의 범
위를 넓힌다. 짝의 설명에 대해 필요한 경우 질문을 할 수도
있다. 핵심어는 1개씩만 적게 할 수도 있지만, 경우에 따라 2
개까지 적는 것을 허용한다. 직접 연관된 단어는 함께 묶어서
설명하는 것이 더 효과적이기 때문이다.

마인드맵 하브루타는 게임식으로 할 수도 있다. 마지막에 설명하는 사람이 승자이다. 단, 학습 효과를 높이기 위해 막힐 경우 교과서나 교재를 보면서 마인드맵을 이어나가게 할 수도 있다. 이 활동을 통해 학생들은 설명을 주고받는다. 또한 친구의 설명에 대해 질문을 주고받기도 한다. 이런 가운데 자연스럽게 친구 가르치기가 이루어지며, 단원 내용을 종합적으로 이해하게 된다.

학생들의 수업 소감은 다음과 같다.

> ▶ 처음에는 '뭐지?' 하고 의문을 품으며 차라리 혼자 공부하는 것이 낫겠다고 생각했다. 하지만 다양한 색깔의 펜으로 마인드맵을 만들면서 스스로 정리하고, 짝에게 설명하며 다시 정리해보니 내가 부족한 부분을 잘 알 수 있었다. 그래서 다음에도 마인드맵으로 공부해야겠다는 생각을 했다. 마인드맵 활동을 한 뒤, 내가 적고 설명한 내용이 시험 전까지도 생각이 났기 때문이다.
>
> ▶ 마인드맵으로 내 생각을 먼저 정리한 후, 친구에게 설명하는 것이 시험 공부하는 데 효과적이었다. 떠오르는 단어들을 쓰면서 친구에게 설명했다. 기억나지 않으면 서로 알려주었다. 통합사회 과목이 대체로 암기할 것이 많아서 공부할 때 어려움을 겪었는데 짝과 함께 설명하면서 마인드맵을 만드니까 큰 틀이 잡히고 그 안의 세부 내용이 짜임새 있게 정리되었다. 나에게 맞는 새로운 공부법을 찾은 계기가 되었다.

꿈 너머 꿈 하브루타

꿈 너머 꿈 하브루타는 '무엇이 될 것인가?'가 아닌 '어떻게 살 것인가?'를 질문한다. 자신의 꿈과 꿈을 이룬 후에 어떻게 살 것인지를 진지하게 고민하는 활동이다.

수업에서 진로 관련 활동을 하는 경우가 많다. 학생부종합전형의 확대로 인해 진로를 미리 정하는 것은 여러모로 유리하다. 하지만 진로교육이 마치 직업을 정하는 것과 같이 생각되는 경향이 있다. 이러한 현실에서 대부분 학생은 교사, 공무원 등을 자신의 진로로 정하는 경우가 많다. 즉, 진로를 자신의 생계 유지 등 개인적 의미로만 국한시키는 것이다. 하지만 진정한 진로교육은 직업 이후에 어떤 활동을 할 것인가에 있다.

《꿈 너머 꿈》의 저자인 고도원은 꿈을 잃어버린 사람들과 꿈을 이루었는데도 불행한 사람들에게 "지금 당신에게는 꿈 너머 꿈이 있나요?"라고 묻는다. 그리고 꿈은 언제나 현재 진행형이며 어느 순간 끝나버리는 것이 아니라고 강조한다. '꿈 너머 꿈'이란, 꿈을 이룬 다음의 꿈이다. 그는 우리가 꿈을 가지고 있다면 행복할 것이라고 말한다. 하지만 '꿈 너머 꿈'을 가지고 있다면 우리의 인생이 훌륭해질 것을 강조한다. 꿈을 이룸으로써 인생이 완성되었다고 생각하는 것이 아니라, 그것보다 진화된 꿈을 만들어내어 한 걸음, 한 걸음 발전된 인생으로 나아가게 되기 때문이다.[1]

'꿈 너머 꿈'은 직업이 자신의 행복만을 위한 것이 아니라 공동체를 위한 것임을 강조한다. 모든 직업은 공동체를 위해 봉사의 역할을 한다. '꿈 너머 꿈' 하브루타는 직업뿐만 아니라 꿈을 이룬 이후에 어떤 삶을 살 것인가를 생각하게 한다. 절차는 다음과 같다.

- 교사 강의 : '꿈 너머 꿈'에 대해 설명한다. 필자는 다음과 같은 말로 설명한다. "원하는 직업을 가졌을 때 많은 사람은 행복하다. 하지만 얼마 지나지 않아 그 직업을 통해서 더 행복을 느끼지 못하는 경우가 많다. 삶의 목표는 직업이 아니라 직업을 가진 후 어떤 삶을 사는가에 초점을 두어야 한다. 그래야 진정한 행복을 누릴 수 있다. 예를 들어, 의사가 된 후 자기 이익만 생각한다면 과잉 진료를 하게 되고, 요리사가 되어 자기 이익만 생각한다면 원산지를 속이게 된다. 반대로 청소부를 하더라도 내가 깨끗이 청소함으로 지구의 한 부분이 깨끗해졌다는 마음을 갖는다면 얼마든지 행복할 수 있다. 여러분이 어떤 직업을 꿈꿀지라도 그 꿈 뒤에 있는 진정한 꿈을 생각하는 시간이 되기를 바란다."
- 동영상 시청 : '꿈 너머 꿈' 관련 동영상을 보여준다. 이 동영상을 통해 학생들은 꿈 너머 꿈에 대해 좀 너 명확하게 이해하게 된다. 유튜브에서 '꿈 너머 꿈 하브루타'를 검색하면 된다. 내용은 다음과 같다.

---

1. 고도원, 《꿈 너머 꿈》, 나무생각, 2007

카이스트 대학원생 500명이 강연을 들으러 모였습니다.

연사가 물었습니다.

"학생은 꿈이 뭔가요?"

"과학자가 되는 것입니다."

연사가 물었습니다.

"과학자가 되어서 뭐 하시게요?"

학생은 아무 말 없이 머리만 긁적긁적하였습니다.

연사는 옆에 있던 여학생에게 다시 물었습니다.

"학생은 꿈이 뭔가요?"

"교수가 되는 겁니다."

"교수가 되어서 뭐 하게요?"

역시 대답이 희미하였고, 씨익 멋쩍은 웃음이 흘렀습니다.

그 옆에 있던 다른 학생도 같은 질문을 받았습니다.

"꿈이 뭔가요?"

"백만장자가 되는 겁니다."

강의실 곳곳에서 웃음이 터져 나왔습니다.

"백만장자가 되어서 뭐 하시게요?"

"잘 먹고 잘 살려구요."

아주 큰 웃음이 터져 나왔습니다.

"이 세 학생 모두에게는 꿈이 있습니다.

이 꿈들이 꼭 이루어지길 바랍니다.

과학자가 되고, 교육자가 되고, 백만장자가 되기를 바랍니다.

하브루타로
교과수업을
디자인하다

그러나 이 세 학생에게는 꿈 너머 꿈이 없습니다.

꿈을 이룬 후에 무엇을 하고 싶은가?

이것이 꿈 너머 꿈입니다."

- '꿈 너머 꿈'의 사례 제시 : 필자는 다음의 사례를 PPT로 보여준다. '꿈 너머 꿈'은 자신만의 행복이 아닌 이웃에게 행복을 주는 일임을 다시 한 번 강조한다.

  - 요리사 : 맛있는 음식으로 행복과 즐거움을 선물한다.
  - 소설가 : 많은 사람에게 감동, 행복, 슬픔 같은 다양한 감정을 전달한다.
  - 성형외과 의사 : 삶에 대한 의욕과 자신감을 높여주는 일을 한다.
  - 중소기업 대표 : 청년들에게 일터를 제공해 안락한 가정을 꾸밀 수 있게 한다.
  - 항공 승무원 : 승객들이 안전하고 편안한 여행을 하도록 돕는다.
  - 초등학교 교사 : 아이들의 말에 귀 기울이며 바른 길로 인도한다.

- 자신의 '꿈 너머 꿈' 적기 : 자신의 꿈과 '꿈 너머 꿈'을 활동지에 적게 한다. 《미래 자서전으로 꿈을 디자인하라》(임재성 저)에

서는 꿈을 글로 적으면 이루어진다고 말한다. 1953년 미국 예일대학교 연구 결과에 의하면 꿈을 구체적으로 글로 적은 3퍼센트의 학생이 20년 후 나머지 97퍼센트보다 행복하게 살고 있다고 한다. 더 놀라운 것은 3퍼센트의 졸업생이 가진 재산이 나머지 97퍼센트의 재산을 합친 것보다 많았다는 것이다. 학생들은 다음과 같은 '꿈 너머 꿈'을 이야기했다.

- 의사 : 국경없는의사회에 들어가서 난민들을 돕고 싶다.
- 생명공학자 : 불치병의 치료법을 개발해 많은 사람을 고통에서 벗어나게 한다.
- 과학 교사 : 아이들에게 과학의 즐거움을 깨닫게 하고, 공부에 대한 자신감을 키워준다.
- 로봇공학자 : 인간이 들어갈 수 없는 재난 상황에서 로봇이 임무를 수행하게 한다.
- 경찰관 : 국민들이 불안해하지 않는 세상을 만든다.
- 중등 교사 : 학생들의 꿈 너머 꿈을 이루는 데 도움을 준다.
- 심리 상담사 : 마음의 병을 잘 보듬어준다.
- 가상현실 전문가 : 현실과 똑같이 오감을 느낄 수 있는 가상현실을 통해 많은 사람과 장애인들에게 즐거움을 주고 싶다.
- 안과 의사 : 눈이 아픈 이들에게 새로운 세상을 보게 해준다.
- 동시통역사 : 언어 장벽으로 소통이 힘든 사람에게 서로의 마음과 생각을 선물하고 싶다.

하브루타로 교과수업을 디자인하다

- <u>꼬꼬질 하브루타</u> : 꿈에 대해 짝과 질문하고 대답하는 꼬꼬질 (꼬리에 꼬리를 잇는 질문) 하브루타를 한다. 한 학생이 먼저 자신의 '꿈 너머 꿈'을 이야기한다. 상대편 학생은 그 이야기를 듣고 계속 질문을 한다. 꿈과 '꿈 너머 꿈'을 친구에게 이야기하는 과정에서 자신의 진로에 대해 한층 깊이 있는 생각을 할 수 있다. 또한 예상치 못한 친구의 질문에 대해 대답하고 생각하는 과정에서 미처 알지 못했던 자신의 진로에 대한 모습과 현재의 생활에 대한 성찰도 가능하다.

학생들의 '꿈 너머 꿈' 꼬꼬질 하브루타 사례는 다음과 같다.

A : 나의 꿈 너머 꿈은 정신과 의사나 심리 상담사가 되어 마음이 아픈 사람을 웃게 해주는 거야.

B : 마음이 아픈 사람을 어떻게 웃게 할 수 있어?

A : 상대를 이해하고, 긍정적인 대화를 통해서 가능해.

B : 상대방이 긍정적인 대화 유도에 참여하지 않으면?

A : 그 사람을 더 관찰하고 대화하며, 알기 위해 노력할 거야.

B : 어떤 노력을 할 거야?

A : 친해지기 위해 더 가까이 다가가서 대화하도록 하겠어.

B : 왜 대화하는 것이 상대를 더 알아가는 방법이라고 생각해?

A : 글도 있지만, 사람들은 대화를 통해 힘든 부분을 말하고 싶어 한다고 생각해.

B : 힘든 부분을 잘 드러내지 않는 사람은?

A : 그냥 무리하게 묻지 않고 곁에 있어주고 싶어.

B : 곁에 있는 것이 왜 도움이 된다고 생각해?

A : 사람은 사회적 동물이라 누군가가 나를 믿어주는 사람이 존재한다는 것을 아는 것만으로 심적 안정감을 가질 수 있다고 생각해.

B : 자신을 믿어주는 사람은 어떤 사람일까?

A : 편견을 갖지 않고 있는 그대로 받아주고 걱정해주는 사람이라고 생각해. 너의 꿈 너머 꿈을 이야기해줘.(계속 진행)

- 포토 스탠딩 토론 : 교사는 모둠별로 사진 카드를 배부한다. 학생들은 자신의 꿈과 관련한 사진을 골라서 이야기를 나눈다. 자신의 꿈과 직접 관련된 사진이 없을 수도 있다. 이때는 꿈을 향해 나아가는 과정에서의 태도, 꿈을 이룬 후의 마음의 상태 등을 설명하게 한다. 1장을 골라도 되지만 가능하면 2장 이상으로 스토리텔링을 하는 것이 바람직하다. 개인이 돌아가면서 발표하며, 발표를 마칠 때마다 꿈을 응원하는 손뼉을 치게 한다. 사진 카드를 활용한 포토 스탠딩 토론은 148~165쪽에 사례와 함께 자세히 소개되어 있다.

- 발표 : 모둠별 BEST '꿈 너머 꿈'을 선정해 발표한다. 기준은 가능한 많은 사람에게 좋은 영향을 미치는 것이라고 말한다. 앞에 나와서 사진을 보여주면서 자신의 꿈을 이야기한다. 역

시 마칠 때마다 응원의 손뼉을 치게 한다.

• 배우고 느낀 점 적기 : 이제까지 대부분의 학생은 직업이 자신의 행복만을 위한 것으로 생각했겠지만 이 활동을 통해 직업의 사회적 의미를 깨닫게 된다.

학생들의 '꿈 너머 꿈' 하브루타 활동 소감은 다음과 같다.

▶ 막연하게 어떠한 직업을 목표로 하는 것이 아닌, '그 직업을 통해 무엇을 할 수 있을까'에 대해 생각해보는 귀한 시간을 가졌다. 내가 미래에 가지고 싶었던 직업에 대해 단순히 말하는 것을 넘어, 자신의 꿈을 통해 진정으로 이루고 싶은 바를 이야기하면서 나의 꿈에 대해 구체적으로 생각하는 계기가 되었다. 항상 무뚝뚝하고 무관심했던 친구의 진지한 속마음을 알 수 있었다.

▶ 솔직히 이전까지는 '어떻게 하면 꿈을 이룰까?'라는 생각만 하고 있었고, 꿈을 이룬 후에 어떻게 할지에 대해서는 생각해본 적이 없었다. 이 활동을 통해 내가 나의 꿈을 왜 이루어야 하는지와 나의 꿈을 통해 진정으로 해야 할 일이 무엇인지 깊이 생각하게 되었고, 꿈에 대한 확신을 가지게 되었다. 진정한 꿈은 꿈을 이룬 뒤에 이루어진다는 것을 깨달았다.

나의 꿈은 심리 상담사이다. 상담하러 오는 사람들은 마음에 상처가 있거나 심적인 고통으로 마음의 문을 닫은 사람들이 많다.

처음에는 서로 마음의 문을 여는 것이 우선이다. 상담자가 먼저 마음을 연다면 고민을 가진 사람도 천천히 말문을 열게 될 것이다.

상담으로 서로의 비밀을 공유하는 사이가 되더라도 상담자는 내담자가 끝까지 편안함을 유지하도록 아기를 보는 엄마의 마음으로 배려해야 한다.

마음을 맞춰 악기를 연주하듯 서로가 마음을 열어 친한 친구 사이처럼 웃으며 이야기를 하는 상담자가 되고 싶다.

꿈 너머 꿈 하브루타에서 포토 스탠딩 사례

하브루타로
교과수업을
디자인하다

문제 만들기로 마블 게임

문제 만들기 하브루타를 학생들이 좋아하는 마블 게임과 연계해 즐기면서 핵심 지식을 익히는 수업이다. 학생들이 평소 어렵다고 느끼는 국어 문법 단원에서 문제를 만들고, 게임을 즐기는 과정에서 문법에 대한 선입견을 깨고, 재미있게 수업에 참여할 수 있다. 문제 만들기와 더불어 모둠 내에서 문제를 검토하는 가운데 자연스럽게 친구 가르치기가 이루어진다. 신선여자고등학교 정희정 선생님의 수업 사례를 소개한다.

- 마블 게임판 배부 : 모둠별로 마블 게임판을 배부한다. 총 12개의 칸이 있고, 그중 2칸은 교사의 예시 문제이며, 나머지 8칸은 학생들이 문제를 만들어 채운다.
- 출제 범위 나누기 : 문제를 만들기 전 한글 맞춤법의 특정 규정이 문제에 치우치지 않도록 모둠 내에서 범위를 나눈다.
- 문제 만들기 : 학생들은 한글 맞춤법 주요 규정 4개에 관한 문제를 개인별 2개씩, 모둠에서 8문제를 만든다. 교사가 배부한 '한글 맞춤법 주요 규정(제1항, 제2항, 제5항, 제19항, 제25항)' 자료와 교과서 학습활동 내용을 바탕으로 만든다. 교사가 제시한 다양한 문제 형태와 게임판에 제시된 예시 문제를 참고한다. 포스트잇에 문제를 작성하며, 한글 맞춤법 주요 규정 중 모르는 단어의 뜻이나 문제를 만들 때 궁금한 점에 대해 자유롭게 질문

배움과 나눔을 실천하는 우리 모둠은 (소통)

1	2	한 번 쉬기	3. 프로듀스 48의 노래 〈내꺼야〉를 한글 맞춤법에 맞게 고치면? (3점) (정답 2개)
9	처음부터 다시 시작	10	4
8. 사잇소리를 표기하는 조건 중 뒷말의 첫소리가 된소리로 나는 것은?(3점) ① 아랫마을　② 나뭇잎 ③ 뱃길　④ 훗날	7	6	5

한다. 학생들이 만든 마블 게임판 예시는 위와 같다.

• 문제 검토 : 각자 만든 문제를 모둠 내에서 공유해 오류를 수정하고, 보완할 점을 토의해 모둠의 마블 게임판을 완성한다. 이때 모둠 내에서 만든 문제에 대한 풀이와 더불어 친구 가르치기가 이루어진다.

• 마블 게임판 교환 : 옆 모둠과 마블 게임판을 교환해 각자 다른 모둠에서 만든 문제로 게임에 참여할 준비를 한다.

• 모둠 간 자리 이동 : 모둠 간 팀별 게임을 위해 각 모둠 내 인접한 2명이 다른 모둠으로 자리를 이동한다. 게임을 위한 게임판 교환 및 모둠 이동은 다음과 같이 한다.

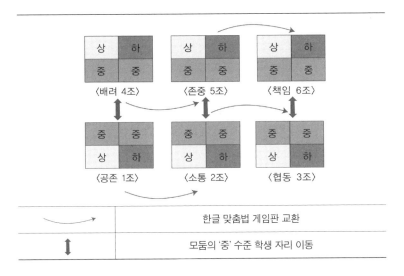

	한글 맞춤법 게임판 교환
	모둠의 '중' 수준 학생 자리 이동

- 규칙 안내 : 다음의 게임 규칙을 안내한다.
  - 주사위를 굴려 나온 칸의 문제를 2명이 협동해 풀어야 말을 놓을 수 있다. 못 맞히면 원래 자리로 가야 한다.
  - 먼저 12번 칸에 도착하는 팀이 이기는 것이 아니라 주어진 시간 동안 많은 문제를 맞히는 팀이 이긴다. 다른 모둠이 푼 문제에 도착하게 되면 다시 주사위를 굴린다. 만약 모든 문제를 다 푼 경우 교사에게 여분 문제를 요구할 수 있다.
  - 문제의 답을 모르는 경우 1회 휴식하며, 문제를 푸는 팀은 책과 자료를 볼 수 없고, 상대 팀은 보다 정확한 답 확인을 위해 볼 수 있다.
- 게임 실행 : 주사위를 굴릴 순서를 정한 후 게임을 시작한다. 주어진 문제를 해결하기 위해 같은 모둠 내 2명이 팀으로 협

동해 자신의 지식과 정보를 최대한 활용, 게임에 참여한다. 게임 도중 궁금한 점이나 정답에 대한 의견이 엇갈릴 경우 교사에게 도움을 요청한다.

- 문제 공유 : 게임 종료 후 원래 모둠으로 이동한다. 모둠별로 칠판에 완성한 게임판을 게시해 전체 공유한다.
- 질문하기 : 게임 도중 더 자세히 알고 싶었던 문제나 친구들과 공유하고 싶은 문제에 대해 질문한다. 이때도 교사가 바로 답변하기보다는 학생들 간에 질문과 설명이 오가도록 한다.

독서 토론 하브루타

하브루타는 원래 유대인들이 탈무드를 읽고 서로 질문하고 논쟁하는 데서 출발했다. 독서 토론 하브루타는 책을 읽은 후 질문이나 논제를 만들어 토론하고, 서로의 느낌을 말하는 활동이다. 독서 토론은 논술과 연결하는 것이 효과적이다. 교사 동아리 모임, 학생 독서 동아리 모임, 논술 심화 수업, 가정에서 자녀와의 하브루타에 효과적이다.

양동일, 김정완의 《질문하고 대화하는 하브루타 독서법》에서는 책을 읽으며 질문하고 대화하는 공부는 삶을 이끄는 '비전'과 인생의 중요한 가치를 발견하는 '성숙한 삶의 자세'를 찾을 수 있도록 도와준다고 강조한다. 그리고 독서교육에서 하브루타식 질문과 대화가 중요한 이유를 다음과 같이 제시한다.

- 질문을 통해 아이는 자신이 아는 것, 모르는 것을 스스로 깨닫게 된다.
- 상상력, 창의력, 문제 해결력이 자란다.
- 자신의 의견을 조리 있게 말하는 능력이 향상되어 발표 수업에 자신이 생긴다.
- 책 내용을 이해하는 고등 사고력이 향상되어 논술 시험에서 두각을 나타낸다.
- 지루하기만 했던 독서가 점점 재미있어진다.

독서 토론 하브루타는 다음과 같은 내용으로 활동한다.

질문 만들기

하브루타의 꽃은 역시 질문 만들기이다. 책을 읽고 개인별로 5개 내외의 질문을 만들게 한다. 그 후 짝 활동과 모둠 활동을 하면서 질문을 나누고 좋은 질문을 선정한다. 모둠에서 정한 질문을 판서한 후 다수결로 전체 질문을 정한다. 최종 질문으로 전체 토론이나 글쓰기를 할 수 있다.

논제 만들기

토론에서 논제는 교사가 정해 제시하는 경우가 많지만 독서 토론 하브루타에서는 학생들이 독서 후 논제를 정할 수 있다. 필자는 논술 심화 수업에서 마이클 샌델의 《돈으로 살 수 없는 것들》 일부를 읽게 한 후 논제 만들기를 했다. 하브루타를 통해 '멸종 위기에 놓인 검은 코뿔소 사냥권은 폐지되어야 한다'를 논제로 정했으며, 절차는 다음과 같다.

- 개인 활동 : 개인별로 책을 읽고 1개의 논제를 만든다.
- 짝 활동 : 각각의 논제로 입장을 정해 짝과 토론한다. 이후 전체 토론에 적합한 논제를 정한다.
- 모둠 활동 : 짝 토론으로 만든 논제로 좋은 논제를 정한다. 모둠에서 토의해 논제를 다듬는다.
- 전체 활동 : 모둠 논제를 판서하고 발표한다. 다수결로 최고의 논제를 선정한다.
- 이후 활동 : 최종 논제로 근거 만들기 하브루타를 하고, 논술을 쓴다.

논제는 토론 수업이나 논술의 승패를 좌우할 만큼 중요하다. 잘못된 논제는 토론의 범위를 지나치게 확대하거나 근거를 모호하게 할 가능성이 있다. 필자는 《애들아, 하브루타로 수업하자!》에서 논제를 만들 때, 학생들에게 교육해야 할 내용을 다음과 같이 제시했다.

첫째, 찬반으로 입장 구분이 명확하게 나뉘어야 한다. 상대방을 설득하고 논리적 사고를 키우기 위해서는 입장 구분이 명확한 논제가 바람직하다.

둘째, 논제의 범위는 구체적이고 명확하게 서술해야 한다. 범위나 대상이 명확하지 않은 경우 토론 과정에서 허용 범위에 대한 논란이 발생한다.

셋째, 공정해야 한다. '꼭', '반드시', '절대' 등 예외를 허용하지 않는 단어는 포함하지 않는다.

넷째, 논제는 기존 제도에 변화를 주장하는 찬성 측의 입장에서 긍정문으로 서술되어야 한다. 이는 토론 자체가 변화를 주장하는 문제 제기에서 시작하기 때문이다.

필자가 최근 읽은 독서 토론 관련 책 중에서 가장 인상 깊은 책은 질문배움연구소 김혜경 소장의 《하브루타 질문 독서법》이다. 저자는 독서 과정에 질문하는 하브루타가 적용되면 능동적 독자가 되어 '깊이 읽기'가 가능해지고, 독서 후에 하브루타가 적용되면 깊고 넓게 읽으며 성장하는 독서가 가능해지므로 독서와 하브루타는 최고의 조합이라고 강조한다. 이 책에 소개된 가족 독서 토론 방법을 소개한다. 수업과 독서 동아리, 교사 수업 동아리 등에서도 효과적으로 활용할 수 있다. 책에는 저자와 다양한 가족들의 독서 토론 사례가 소개되어 있어 누구나 쉽게 적용할 수 있다.

- 1단계 말문 열기 : 각자 책에 대한 전체적인 느낌과 소감을 짧

게 1분 내외로 발표한다.

- 책을 읽기 전에 표지나 제목을 보았을 때의 느낌과 읽은 후의 전체적인 느낌을 짧게 이야기하기

- 책에 대한 평점 매기기 : 재미 요소, 교훈 요소, 기타(그림, 문체, 구성 등) 요소 등 고려

- 나만의 제목 짓기 : 제목 지은 이유 발표

• 2단계 생각 열기 : 마음에 드는 문장이나 인상 깊은 문장을 공유한다.

- 문장 나누기 : 밑줄을 긋거나 독서 노트에 옮겨 적은 문장을 낭독하고 그 문장을 뽑은 이유 발표

- 삶과 연결하기 : 책 속의 내용과 비슷한 나의 경험 혹은 가족, 친구, 사회 현상, 다른 책과 연결해 이야기 나누기

• 3단계 질문하기 : 개인별로 만든 질문을 공유하며 질문을 추가하고 수정한다.

- 개인별 책 읽고 3~4개의 질문 만들기

- 짝과 질문을 공유하며 추가로 질문 만들기

- 주제 질문 2~4개 선정하기

- 질문 재배열하기 : 폭이 좁은 질문에서 확장되는 질문, 답을 쉽게 할 수 있는 질문부터 고민해야 하는 질문, 내용을 확인하는 질문에서 심화 질문, 적용 질문 순서로 배열

• 4단계 생각 나누기 : 주제 질문으로 토론하는 단계이다.

- 1:1 토론 : 주제 질문에 대해 짝과 2~3분간 토론한 후 짝과 함

독서 토론 활동지

도서명		일시	
참가자		이끎이	

느낌 나누기	표지나 제목 등을 처음 보았을 때 느낌과 읽은 후의 전체적인 느낌 한 마디
문장 나누기	마음에 드는 문장을 옮겨 쓰고, 그 이유
삶과 연결하기	책의 내용과 비슷한 경험 혹은 가족, 친구, 사회 현상, 다른 책과 연결 짓기
질문하기 · 생각 나누기	책을 읽으면서 궁금했던 나만의 질문 3가지
메시지 · 버추(미덕)	독서와 하브루타를 통해 느낀 점, 깨달은 점, 실천할 점, 버추(미덕) 단어
소감 나누기	하브루타 독서 토론 후의 소감 한마디

께 찾은 답에 대해 발표하기
 - 스위칭 토론 : 1:1 토론의 짝을 바꾸어 토론하기
 - 모둠 토론 : 한 가지 질문에 대해 각자 돌아가면서 자신의 생각을 논리적으로 표현하기
• 5단계 생각 정리 : 질문하고 토론한 후 마무리하는 단계
 - 메시지 : 자신만의 느낀 점과 깨달음, 실천할 점을 발표하기
 - 버추(미덕) 찾기 : 버추 프로젝트의 버추 카드를 활용해 나의 메시지 혹은 등장인물과 연결해 '미덕' 단어를 찾고 발표하기
 - 독서 에세이 쓰기 : 느낌 나누기, 자신의 경험, 주요 질문에 대한 답과 자기 생각 등을 적고, 메시지와 미덕을 정리하기
• 6단계 소감 나누기 : 독서 토론을 하면서 좋았던 점, 아쉬웠던 점, 건의하고 싶은 내용, 서로 칭찬과 격려하기

필자는 수업에서 독서 활동으로 독서 토론 하브루타 외에 독서 보고서 쓰기를 실시한다. 보고서에는 다음과 같은 내용을 적게 하며, 과정 중심 평가에 반영한다.

 - 책 선정 이유 : 자신의 흥미나 진로와 연계해 적게 한다.
 - 질문 만들기 : 3개의 질문을 만든 후 스스로 답한다.
 - 친구에게 소개하기 : 줄거리 요약, 교훈 등을 적게 한다.
 - 배우고 느낀 점 : 가능한 교과, 진로와 연계해 적게 한다. 이를 활용해 과목 세부능력 및 특기 사항에 참고한다.

독서 토론 이후 다음과 같은 활동과 연계할 수 있다.

- 이야기 결말 이어가기 : 소설의 경우 여운을 남긴 채 끝이 나는 경우가 있다. 상상력과 창의력으로 스토리텔링 기회를 부여한다. 학생들이 결말을 이어가게 하면 마치 소설가가 된 듯한 기분을 느끼게 할 수 있다. 개인 활동, 모둠 활동 모두 가능하며, 발표 기회를 준다. 또는 결말 바꾸기 활동도 가능하다. 161쪽에 사진 카드를 활용한 '이야기 결말 이어가기' 사례가 소개되어 있다.
- 비교하기 : 비슷한 주제의 영화를 2개 골라 비교하는 TV 프로그램이 있다. 마찬가지로 주제나 배경이 비슷한 소설을 골라 공통점과 차이점을 찾게 한다. 이를 통해 비교, 분석, 종합하는 능력을 키울 수 있다.
- 등장인물에게 편지 쓰기 : 등장인물 중 1명을 선택해서 편지를 쓰게 한다. 위로, 충고 등을 하게 한다.
- 장르 바꾸기 : 소설을 시로, 반대로 시를 산문으로 바꾸게 한다. 또는 이야기를 만화나 그림으로 표현하게 한다.
- 노래 가사 바꾸기 : 줄거리로 노래 가사 바꾸기 활동을 한다. 이는 함축성 있는 표현으로 시 쓰기에 도움을 준다. 시(詩)는 패러디해 내용을 바꾸게 할 수도 있다.
- 책 광고 대본 만들기 : 책의 저자라고 생각하고 광고 콘티를 만들게 한다. 신문용과 방송용으로 만들고, 그림과 글을 함께

사용하게 한다.

- 신문 기사로 바꾸기 : 소설 줄거리나 사건 등을 신문 기사로 쓰게 한다. 자신이 기자라고 생각하고 6하 원칙에 맞게 쓰게 한다.

플래시 카드 하브루타

플래시 카드를 만들어 짝과 질문하고 설명하는 하브루타이다. 카드를 교사가 만들어 제시할 수도 있고, 학생들이 만들 수도 있다. 학생들이 만들 경우 포스트잇으로 대체할 수 있다. 기존의 플래시 카드 활동은 문제를 내고 답을 맞히는 활동으로 기본 개념 익히기에 적합하다. 하지만 여기서는 친구 가르치기의 일환으로 답을 먼저 제시하면 상대편에서 설명하는 활동이다. 사회 수업의 다양한 제도, 국사 수업의 사건, 윤리 수업의 사상가, 지리 수업의 지명, 한문 수업에서의 고사성어 등을 익히는 데 효과적이다. 활동은 짝 단위로 하며, 절차는 다음과 같다.

- 플래시 카드 배부 : 교사가 카드를 만들어 팀별로 배부한다. 앞면은 개념, 뒷면은 설명을 적는다. 학생들은 카드를 반씩 나누어 가진다.
- 플래시 카드 공부 : 각자 플래시 카드를 보고 개념과 설명을 읽

으면서 공부한다.

- 문제 내고 답하기 : 질문자가 앞면의 개념을 묻고, 상대방은 뒷면의 설명을 한다. 맞힌 카드는 내려놓는다. 대답을 못 할 경우 질문자가 개념을 설명한다. 단순히 개념을 외우는 공부가 아니라 설명을 하면서 오래 기억할 수 있다.
- 카드 교환 : 모든 카드를 맞혔을 경우, 짝과 카드를 교환해 앞의 과정을 반복한다. 학생들이 카드를 만든 경우, 모둠별로 교환한다.

거꾸로 교실 디딤 영상으로 하브루타

거꾸로 교실 디딤 영상으로 하브루타 하기는 디딤 영상을 단순히 시청하는 것이 아니라 보면서 질문을 만들어오게 하는 것이다. 이는 동영상 시청의 집중력과 이후 수업 참여도를 높일 수 있다. 단원에 따라 3~5개가 적당하다. 이를 수업 시간에 짝 토론과 모둠 토론으로 연결하면 된다.

거꾸로 교실은 최근 우리 교육의 변화를 선도하는 최고의 아이콘이다. 학생 참여는 물론 교사의 수업 협업을 이루었다는 점에서 그렇다. 거꾸로 교실 이전에는 실질적인 교사의 수업 공동체가 거의 없었다. 하지만 거꾸로 교실은 '미찾샘(미래교실을 찾는 샘)'이라는 이름으로 전국 단위의 자발적인 수업 공동체를 발전시키고 있다.

학생들 간에도 친구 가르치기 등을 통한 배움 공유가 중요하지만, 교사에게도 수업의 공유가 필요하다. 과거 강의식 수업에서는 수업 공유가 거의 필요하지 않았다. 하지만 다양한 학생 참여 수업이나 과정 중심 평가 등을 위해서는 수업 협업이 필수적이다. 거꾸로 교실은 동영상 제작이나 수업 방법 등에 대한 공유와 협업을 통해 교사의 부담을 줄이고, 더욱 창의적인 수업을 가능하게 한다. 수업 공동체를 통한 수업 친구나 수업 파트너를 통해 효율적인 수업 준비는 물론 교사의 성장을 돕는다. 거꾸로 교실에 있어 디딤 영상은 중요한 요소이다. 교사가 직접 만드는 동영상 제작과 활용의 장점은 다음과 같다.[2]

첫째, 교사가 자신의 수업 시간과 연계해 직접 동영상을 제작하면 수업이 훨씬 구조화된다. 둘째, 강의 동영상은 밀레니엄 세대인 학생들과 의사소통을 위한 도구가 될 수 있다. 셋째, 동일 교과를 반별로 서로 다른 선생님들이 들어가는 경우 디딤 영상 공유로 인해 교사 간 차이를 줄일 수도 있다. 이민경 교수는 디딤 영상 제작의 가이드라인을 다음과 같이 정리한다.

- 동영상은 7분 내외로 최대한 짧게 만들어라.
- 동영상 내용은 단원의 핵심적인 교과 지식을 모두 포함하라.
- 보충 지식이나 심화 내용은 수업 시간에 학생 활동 학습으로 돌려라.

---

2. 이민경, 《거꾸로 교실, 잠자는 아이들을 깨우는 수업의 비밀》, 살림터, 2015, pp. 92-94 요약

거꾸로 교실 위스크 기법

위스크(WSQ, Watch-Summarize-Question, 보고 요약하고 질문하기) 기법은 거꾸로 교실에서 학습목표를 달성할 수 있도록 수업 영상을 보는 더 나은 방법으로 개발된 것이다. 미국에서 거꾸로 교실을 처음으로 개발한 존 버그만이 쓰고 정찬필 PD가 번역한 《거꾸로 교실, 진짜 배움으로 가는 길》에 나온 내용을 소개한다. 위스크는 학생들이 수업 영상을 좀 더 적극적으로 보고 배우는 데 도움을 주었다. 더불어 수업 시간을 구조화해 학생 중심으로 깊은 배움에 몰입하고, 보다 적극적으로 참여할 수 있게 수업을 여는 데 보탬이 되었다. 학생들을 위한 위스크 과정은 다음과 같다.[3]

보기(Watch)

학생들에게 수업 영상을 제공한다. 강의를 보거나 공부하는 동안 미리 만들어놓은 학습지에 필기한다. 학생들은 필요에 따라 강의를 멈추거나 돌려보거나 다시 볼 수 있어서, 모둠 학습을 하기 전에 핵심을 파악할 수 있다.

---

3. 위스크에 대해 좀 더 자세히 알고자 하면 《거꾸로 교실, 진짜 배움으로 가는 길》(존 버그만·애론 샘즈 공저, 정찬필·임성희 옮김, 에듀니티, 2015)의 pp. 90-96을 참고하기 바란다.

요약하기(Summarize)

학생들이 수업 영상을 본 뒤, 배운 것을 글로 간추리게 한다. 요약하기는 학생들이 배운 것을 오래 기억하게 도와줄 뿐만 아니라 학문적 언어 사용 능력을 향상하는 데 보탬이 된다. 효과적인 요약하기를 위해 학생들이 수업 영상을 보고 배운 것에 대해 차례로 잘 생각할 수 있도록 이끄는 질문이나 문장 채우기를 한다.

질문하기(Question)

요약을 마친 후 학생들은 수업 영상을 보면서 이해하지 못한 부분이나 모둠 토론에서 다루면 좋을 개념에 대해 높은 수준의 질문을 표시한다. 혹은 수업 영상에서 나온 것과 비슷한 연습 문제를 스스로 만들기도 한다. 학생들은 공책 밑에 질문이나 문제를 바로 적어, 다음 날 수업에서 쉽게 찾을 수 있다. 여기서 나온 질문들로 토론을 끌어낼 수 있다. 학생들이 만든 연습 문제는 별도의 연습이나 심화 학습이 필요한 학생들에게 도전해보도록 활용한다.

하브루타로 논술 심화 수업

하브루타의 완성은 글쓰기이다. 말로 표현한 바를 글로 옮기면서 생각이 다듬어지고, 명확해진다. 하브루타를 한 후 활동지나 원고지에 말하고 토론한 내용을 글로 옮기는 과정이 필요하다.

필자는 10년 이상 영재 학급 수업, 계절 학기 수업, 심화 수업의 형태로 논술 수업을 진행해왔다. 하브루타를 알게 된 이후 대부분의 논술 수업에서 하브루타를 도입하고 있다.

하브루타 후 글을 쓰면 토론과 논쟁 과정에서 다양한 생각을 접하게 되고, 입장이 명확해진다. 심화 수업은 2~4시간 단위로 운영되므로 주제에 대해 비교적 깊이 있는 하브루타가 가능하다. 논술 심화 수업 절차는 다음과 같다.

- 논제 제시 및 영상 시청 : 논제 선정 기준은 찬반 토론 가능, 대학 입시의 논술이나 면접 출제 빈도, 사회 탐구 영역, 특히 생활과 윤리 수업과 관련 여부이다. 관련 영화나 다큐멘터리로 동기 유발을 한다. 30분 내외의 영상은 모두 시청하고, 영화는 20분 내외로 편집한다.
- 질문 만들기 : 동영상을 보면서 질문을 3개 정도 만들게 한다. 짝 토론과 모둠 토론 후 좋은 질문을 판서한다. 교사는 질문 중에서 전체 토론과 연결하거나 논제와 연결한다.
- 2분 짝 토론 : 찬반 논제인 경우 영화 시청 후 입장을 정해서 2분 짝 토론을 한다. 그 후 입장을 바꾸어서 토론한다. 경우에 따라서 갈등 관계에 있는 등장인물이 되어 서로의 입장에서 토론하는 '인물 디베이트'를 한다. 예를 들어 영화 〈밀리언 달러 베이비〉에서 고통 속에서 안락사를 요구하는 매기와 이에 대해 고민하는 코치 프랭키 역할을 맡아 서로 논쟁하게 한다.

논술 심화 수업 내용

주제	영화 및 영상	관련 교과 내용
사형제도	〈데드 맨 워킹〉	칸트와 베카리아
안락사	〈밀리언 달러 베이비〉	칸트와 공리주의
성적 소수자	〈더 월 2〉	인권
낙태	다큐멘터리 〈낙태〉	Pro-Life, Pro-Choice
빈곤국 원조	〈울지마 톤즈〉	싱어와 노직
적극적 우대 조치		롤스의 차등의 원칙
저출산·고령화	〈그대를 사랑합니다〉	니부어 개인·사회 윤리
착한 사마리아인의 법	〈버스 44〉(단편 영화)	방관자 효과
행복의 조건	〈꾸뻬 씨의 행복 여행〉	이스털린의 역설

또한 〈더 월 2〉에서는 동성 부부 관계를 이어오다 상대방이 죽은 후, 유산 문제로 갈등하는 에디스와 법적 상속자인 조카 입장에서 논쟁하게 한다.

• 근거 만들기 : 논제에 대한 근거 만들기 하브루타를 한다. 찬반 각 2개씩의 근거를 만든 후 짝 토론과 모둠 토론 후 판서한다.

• 개요 쓰기 : 판서된 다양한 찬반 근거를 보면서 최종 자신의 입장과 근거를 2가지 정한다. 그리고 자신의 입장과 반대편에서 예상 반론을 정하고 재반박 내용에 대해 생각하며 개요를 작성한다. 개요는 논술의 기초 작업으로 꼭 필요한 과정이다.

• 논술 쓰기 : 작성한 개요를 바탕으로 툴민의 6단 논법에 따라 글을 쓴다.

하브루타로 논술 심화 수업하는 모습

- 첨삭 : 학생들이 쓴 글 중 한 편을 골라 공동 첨삭을 하거나, 첨삭 기준을 제시한 후 짝과 상호 첨삭한다. 필자는 울산광역시 교육청에서 운영하는 울산사이버논술교실 사이트[4]에 글을 올리게 한 후 개별 첨삭을 하는 경우도 많다.

필자의 논술 수업을 받은 학생 중 구민수 학생이 울산 방과 후 학교 현장체험수기 공모에 응모한 내용을 소개한다.

저는 평소 글쓰기에 관심이 많았습니다. 1학년 때, 어느 날 친구가 논술 심화 수업을 듣자고 권유해왔습니다. 가정 형편상 비싼 학원비가

---

4. nonsul.ulsanedu.kr

부담스러웠던 제게 학교에서 운영하는 논술 심화 수업은 매력적인 제안이었습니다. 저는 논술 수업에 매료되어서 3학년인 지금까지 계속 듣고 있습니다. 논술 수업은 대학 원서를 쓰는 지금, 작가로서의 꿈을 가지고 문예창작과로 진로를 정하는 계기가 되었습니다.

논술 수업은 논제와 관련한 짧은 영화를 보거나 이슈가 되는 신문 기사 등을 읽고, 친구들과 토론 후 논술을 작성하는 방식으로 진행되었습니다. 그 후 첨삭을 통해 글을 다듬었습니다. 첨삭은 선생님이 해주시기도 했지만 한 친구의 글을 전체가 함께 읽고 첨삭하는 공동 첨삭, 짝과 서로 글을 바꾸어 첨삭하는 상호 첨삭은 내가 선생님이 된 듯한 느낌으로 글을 읽고 분석할 수 있어 무척 재미있었고 도움이 되었습니다.

토론은 주로 하브루타 방식으로 이루어졌습니다. 영화를 보거나 제시문을 읽은 후 질문을 만들고 토론했습니다. 그리고 논제에 대해 자기 생각을 적고, 짝과 서로의 생각을 토론한 후 좋은 생각을 정했습니다. 그리고 모둠에서 가장 좋은 의견을 정한 후 발표를 했습니다. 이러한 과정을 통해 친구들의 다양한 생각을 접할 수 있었습니다. 인상 깊었던 예로, 저는 '차별 철폐 조처'에 대해 처음 설명을 들었을 때 어떤 문제점이 있는지 파악하지 못했습니다. 그러나 토론을 하며 역차별과 보상 대상의 불일치 등의 문제를 깨달았습니다. 그리고 친구와 논쟁하면서 문제를 더욱 깊이 이해할 수 있었고 저의 입장에 대한 근거를 확고히 했습니다.

하브루타로 진행된 논술 수업은 이제까지 들어왔던 수많은 강의식 수업과 다른 세상의 것이었습니다. 동굴 안에서는 어둠이 당연하지만 밖의 세상에서는 그렇지 않습니다. 저는 논술 수업을 통해 이 사실을 느꼈습니다.

논제로 사형제도, 안락사, 낙태 등과 같은 찬반 주제와 최저 임금제, 원자력 발전소 건설, 무상 급식 등 사회적으로 이슈가 되는 다양한 내용을 다루었습니다. 이에 관해 토론하고 글을 쓰는 과정에서 세상을 보는 비판적 시각을 키울 수 있었습니다. 또한 경북대 논술(AAT), 성균관대 논술 등 여러 대학의 논술도 다루었습니다. 평소 작성하던 논술보다 심화된 문제들은 조금이나마 자만심이 생기려 하던 마음을 잡아주었습니다.

저는 요약 문제에 취약했는데, 이 역시 하브루타를 통해 제 요약을 읽어주고 친구의 요약을 듣는 과정에서 많이 발전할 수 있었습니다. 이 활동을 하며 저는 글의 군더더기를 잡고, 논리적인 문장을 쓰는 방법을 배울 수 있었습니다.

논술 수업은 단순한 글쓰기 수업이 아니었습니다. 논술 수업을 통해 세상을 보는 시각이 넓어졌습니다. 양쪽 입장에서 서로의 주장을 살펴보는 과정은 어느 쪽에도 치우치지 않는, 객관적인 생각을 할 수 있게 했습니다. 그리고 하브루타를 통해 자신의 의견을 표출하는 것에 자신감을 가지게 되었고, 대화에도 능숙해질 수 있었습니다.

논술 수업은 저를 성장시키는 계기가 되었으며, 작가라는 꿈을 갖게 했습니다. 작가의 꿈을 갖게 한 논술 수업은 값싼 가격과는 달리 결코 저렴하지 않은 값진 활동이었습니다.

생활지도 하브루타

아이들과 함께하다 보면 교사를 힘들게 하는 여러 요인이 있다. 경쟁을 부추기는 교육 정책, 관리자나 동료 교사 또는 학부모와의 갈등도 있지만 아이들에게 받는 상처도 많다. 때로는 화를 내기도 하지만, 화를 낸 후 그것을 후회하고 자책하는 것도 역시 교사를 힘들게 한다.

교사는 생활지도를 하는 도중에 학생의 잘못에 대해 지시한다. 이 과정에서 학생들이 대든다든지, 무시하거나 버릇없는 말을 할 때 교사가 받는 상처는 크다. 여러 학생을 지도하다 보니 교사들은 지시에 익숙해져 있다.

"조용히 해."

"지각하지 마."

"청소 시간에 딴짓하지 마."

"장난치지 마."

대부분 학생의 안전과 원활한 학급 운영 등을 위해 꼭 필요한 말들이다. 하지만 이런 말에 아이들은 반성은커녕 교사의 지시에 순응하지 않는 경우가 많다. 이런 일이 반복되면 교사는 자존감이 무너지고 상처를 받게 된다. 나아가 아이들이 자기를 무시한다는 생각에 이르면 분노로 이어지기도 한다.

지시를 질문으로 바꾸면 어떨까? 지시하면 아이들은 마음의 문을 닫게 된다. 하지만 질문하면 아이들은 대답하는 과정에 생각하게 된다. 질문을 통해 아이 스스로 어떻게 행동해야 할지를 생각하고, 결정하게 하는 것이 생활지도 하브루타이다. 예를 들어, 청소 시간에 장난치는 학생에게는 "청소 시간이니 청소해"라고 하기보다는 "지금 무엇을 해야 할까?", 지각이 잦은 학생에게는 "또 지각했구나"보다는 "계속 지각하면 어떻게 될까?"라고 질문하는 것이다. 질문을 통해 아이들이 자신의 행동을 돌아보게 하고, 어떻게 행동할지를 말하게 한다면 일방적 지시보다는 나은 지도가 되리라 생각한다.

최성애·조벽 교수의 《청소년 감정코칭》에서는 학생들에게 열린 질문을 하라고 조언한다. "너 지금 기분 나빠?" 하고 물으면, "네"나 "아니오"로 답이 온다. 이것은 닫힌 질문이다. 그런데 "지금 기분이 어때?" 하고 물으면 "좋아요", "싫어요", "잘 모르겠어요", "슬퍼요" 등 여러 가지 대답이 나올 수 있다. 그런 것이 열린 질문이다. 질문을 할 때는 가능하면 열린 질문을 해야 다가가는 대화를 할 수 있다. 열린 질문의 예는 다음과 같다.

- 그래서 어떻게 됐어?
- 그 일에 대해서 더 말해줄래?
- 그래서 넌 어떻게 했어?
- 어떻게 하고 싶어?
- 무슨 일이 있었어?
- 왜 그렇게 화가 났어?

사진 카드를 활용한 포토 스탠딩 토론

포토 스탠딩 토론이란 사진을 활용한 토론이다. 학생들에게 사진이나 잡지를 제공한 후, 사진 속에 나오는 다양한 장면, 잡지 속의 광고, 사진, 단어 등을 주제와 연관해 설명하고 토론하는 방법이다. 본격적인 토론 전에 모둠원 간에 친밀감 형성과 말문 트기, 소속감 형성 등에 효과적이다. 사진 카드를 활용한 토론 수업은 다음과 같은 효과가 있다.

첫째, 스토리텔링을 통해 상상력을 키울 수 있다. 스토리텔링은 상대방에게 알리고자 하는 바를 재미있고 생생한 이야기로 설득력 있게 전달하는 행위이다. 현대 사회에서 스토리텔링은 영화, 드라마, 게임, 광고, 만화 등 다양한 분야에서 큰 위력을 발휘한다. 이는 자신의 의도를 효과적으로 전달하고 상대방을 설득하는 가장 유용한 수단이다. 특히, 학생부종합전형을 위한 자기소개서를 쓸 때도 일률적인 스펙 나열보다 스토리로 활동을 연결한다면 훨씬 효과적이다. 이러한 스토리텔링에는 무엇보다 상상력 발휘가 요구된다. 지식과 사진 카드를 서로 연결해 이야기를 만드는 가운데 상상력을 키울 수 있다.

둘째, 창의력을 키울 수 있다. 창의성이란 새로운 생각을 찾아내거나, 기존의 생각을 새롭게 조합해 새로운 무엇을 만드는 것이다. 현대의 창조는 무에서 유를 만드는 것이 아니다. 따라서 창의성을 키우기 위해서는 기존의 지식에 대한 이해가 필요하다. 이

하브루타로
교과수업을
디자인하다

를 바탕으로 생각이 더해져서 재해석하고 재구성하는 가운데 창조가 일어난다. 수업에서 배운 내용을 사진 카드와 연결해 이야기를 만들고 재구성해 표현하기 위해서는 높은 사고력과 더불어 창의력이 요구된다. 이야기를 만드는 과정 자체가 창조이다.

셋째, 말문을 틔워서 토론 효과를 높인다. 교과서 내용만으로 수업에서 대화하고 토론하는 것은 학생들에게 쉽지 않은 일이다. 하지만 사진을 매개로 함께 생각하고, 대화하며 이야기를 만드는 과정에서 아이들은 재미있게 수업에 참여한다. 사진을 보고 내용을 설명하는 과정에서 자연스럽게 말문이 트이고, 이를 자기 생각과 연결하는 과정에서 토론 효과를 높인다.

넷째, 배움을 삶과 연결하고, 학습 효과를 높인다. 시나 소설 등의 문학 작품을 사진 카드를 활용해 광고를 만들거나 뒷이야기를 만들기 위해서는 작품에 대한 충분한 이해가 있어야 가능하다. 또한 행복이나 정의 등 수업에서 배운 주제와 관련된 사진을 찾고 친구들과 이야기를 만드는 과정에서 배움을 삶과 연결하고, 연상 작용을 통해서 오래 기억하게 된다.

일반적으로 포토 스탠딩 토론은 사진이나 잡지, 신문 등을 활용한다. 학기 초 학생들에게 토론의 기본 논증 형식을 알게 하는 수업을 소개한다.

- 잡지나 사진 배부 : 잡지를 낱장으로 찢어서 학생들에게 1장씩 배부한다. 사진의 경우 모둠별로 여러 장 나눠준 후 원하는

사진을 1장 선택하게 한다.

- 주제 제시 : 다음과 같이 주제를 판서한다.

  토론은 _____이다.

  왜냐하면 _____이기 때문이다.

- 개별 생각 : 학생들은 사진, 광고, 단어 등을 활용해 빈칸에 들어갈 말을 적는다.

- 모둠 활동 : 모둠에서 돌아가며 자신이 만든 내용을 발표한다. 그리고 가장 우수한 내용을 선정한다.

- 발표 : 모둠별로 앞에 나와서 발표한다.

잡지에서 김치냉장고 사진을 보고, 다음과 같이 발표한 학생이 기억에 남는다.

"토론은 김치이다. 김치는 다양한 재료와 양념이 어우러져 좋은 맛을 내는 것처럼 토론도 다양한 의견이 모여 가장 좋은 방안을 도출하기 때문이다."

사진 카드를 활용한 포토 스탠딩 토론 수업은 4~5명의 모둠 활동으로 구성되며, 기본적인 방법은 다음과 같다.

- 주제 제시 : 포토 스탠딩 토론 주제를 제시한 후, 사진 카드를 배부한다.

- 개별 활동 : 개별적으로 주제와 연관된 사진을 고른다. 이때 1

하브루타로
교과수업을
디자인하다

장을 고를 수도 있지만 2장 이상으로 스토리텔링을 하면 더 효과적이다.

- 모둠 활동 : 개별로 고른 사진을 모둠원에게 보여주면서 사진과 주제의 연관성을 설명한다. 모둠원의 발표가 모두 끝나면 모둠에서 BEST를 선택한다. 가장 주제와 연관성이 높으면서, 창의적인 설명을 한 학생을 정한다.
- 발표 : 모둠별로 앞에 나와서 사진을 보여주면서 설명을 한다.

시중에는 포토 스탠딩 토론을 위한 몇 가지 사진 카드가 발매되고 있지만, 여기서는 디자인 펜슬의 '좋은 상상' 카드[5]를 활용한 수업을 소개한다. '좋은 상상' 카드는 한국중등수석교사회에서 인증받은 토의·토론교육 보조 기구이다. 다른 사진 카드에 비해 큰 사이즈로 제작되어 모둠 수업뿐만 아니라 발표 수업 시 뒤에 앉은 학생도 볼 수 있다. 또한 200매의 사진이 포함되어 있어 한 박스만 있어도 전체 모둠 활동이 가능하다.

---

5. 좋은 상상 카드는 하봉걸 수석교사와 필자가 찍은 사진으로 구성되어 있다. 하봉걸 수석교사는 한국사진작가협회 회원이며, 100여 차례의 사진전에 참여한 중견 작가이다. 고등학교 미술 교과서 집필에도 참여했다. 필자도 매년 사진전에 작품을 출품하고 있으며, 초등학교 과학 교과서(미래앤)에 독도 일출 사진이 수록되어 있다. 좋은 상상 카드를 발매한 배경은 2017년 전국수석교사 워크숍에서 필자의 사진을 활용한 포토 스탠딩 토론이 소개되었고, 이 사진으로 '토의·토론이 즐거운 사진 카드'를 1천 부 만들어 전국 수석교사에게 무료로 배부했다. 이후 전국의 여러 선생님들로부터 구매 요청이 들어와 기존의 활용도가 낮은 사진을 교체한 후 디자인 펜슬(연락처 1522-3151)에서 '좋은 상상' 카드라는 이름으로 상품화하게 되었다.

포토 스탠딩 토론 절차

| 주제에 관한 사진 고르기 | 주제와 관련지어 설명하기 |

| 발표하기 | 스토리텔링한 내용 적기 |

모둠 세우기 포토 스탠딩

신정고등학교 최고은 선생님이 2학기 첫 시간에 '좋은 상상' 카드를 활용해 모둠 세우기 활동을 한 사례이다. 새로운 모둠원들이 사진으로 이야기를 만들면서 친밀감과 협동심을 키울 수 있다. 순서는 다음과 같다.

- 사진과 활동지 배부 : 1인당 3장(6면)씩 사진 카드를 나누어주고, 모둠 활동지를 배부한다.
- 워밍업 활동
  - 사진을 1장 이상 활용해 2학기 한국사 수업에서 나의 다짐을 1

문장으로 만들도록 한다.

- 모둠 활동지에 모둠원들이 돌아가면서 1문장씩 쓰도록 한다.

- 모둠에서 각자 만든 문장을 사진을 보여주면서 읽고, BEST 문장을 뽑는다.

- BEST 문장을 쓴 학생은 모둠 대표로 발표한다.

- 핵심 활동 : 모둠별 사진 카드로 역사 이야기 만들기

- 1인당 3장씩 나누어준 카드를 모아서 함께 살펴본다.

- 사진 카드를 이용해 역사적 사건이나 인물, 주제 등에 대해 5문장 이상의 이야기를 만들도록 한다. 평가 포인트를 미리 알려서 진지한 활동이 이루어지도록 한다.

- 최소 6장 이상의 카드를 순서대로 배열해 이야기를 만든다.

- 모둠별로 친구들에게 사진을 보여주면서 발표한다.

〈평가 포인트〉
가. 이야기가 역사적 사실과 부합하는가?
나. 얼마나 많은 카드를 창의적으로 활용했는가?
다. 역사적 인물이나 사건에 대해 깊게 고민해 역사적 의미를 잘 담았는가?

- 모둠별 릴레이 발표 : 모둠별 발표를 할 때, 모든 모둠원들이 나와서 사진을 보여주면서 릴레이식으로 이야기를 발표한다. 가능한 이야기를 외워서 발표하면 더욱 좋다.

1. 일본이 운요호 사건을 빌미로 강화도 조약을 맺었다.

2. 바다를 통해 조선을 식민지로 만들려고 하였다.

3. 조선은 대항했지만 일본의 신식 무기를 당해내지 못했다.

4. 조선에 어둡고 어려운 상황이 닥쳤다.

5. 하지만 백성들은 국권을 지키려 힘을 모았다.

하브루타로
교과수업을
디자인하다

6. 그래서 여러 곳에서 항일 의병 운동을 했다.

과목 이름으로 포토 스탠딩 토론

과목의 특성과 관련 있는 사진을 찾아 설명하는 방법이다. 과목을 배우는 이유, 과목의 중요 내용 등을 설명하게 한다. 이를 통해 학생들에게 과목의 정체성 등에 대해 생각할 기회를 부여할 수 있다. 중간고사나 기말고사 이후 배운 내용을 정리하는 데 효과적이다.

- 선택한 사진을 글로 묘사하기
- 과목과 사진 관련성 설명하기
- 친구의 사진 설명 중 기억에 남는 것 3가지 적기
- 배우고 느낀 점 적기

한 학생이 윤리 과목을 설명한 사례를 소개한다.

윤리는 바다 멀리 보이는 섬과 같다. 섬은 눈에 보여서 쉽게 갈 수 있을 것 같지만 실제는 그렇지 않다. 섬에 도달하기 위해 바다에 대해 자세히 알아야 한다. 마찬가지로 우리가 올바른 삶을 살기 위해서는 윤리 수업을 통해 다양한 사상가와 윤리적 문제에 대해 배워야 한다고 생각한다.

교사 대상 연수에서 아이스 브레이크 활동으로 '과목 포토 스탠딩'은 효과적이다. 다양한 과목의 선생님들이 모둠의 구성원이 되어 사진으로 자기 과목을 설명하게 한다. 과목을 배우는 이유, 과목을 배우면 달라지는 삶, 과목의 중요 개념 등을 설명하게 한다. 다음의 사진으로 과목을 설명한 수학 선생님의 사례가 기억에 남는다.

수학은 붕어빵과 같습니다. 붕어빵을 만들기 위해서는 틀이 필요합니다. 마찬가지로 수학 문제를 풀기 위해서는 공식이라는 틀이 있습니다. 그래서 수학은 붕어빵입니다.

키워드로 스토리텔링하기

교과의 주요 키워드로 스토리텔링을 하는 방법이다. 키워드는 단원명이나 학습목표에서 도출하는 것이 효과적이다.

- 키워드 제시 : 교과서의 목차를 참고하면 쉽게 키워드를 도출할 수 있다. 한국사 수업에서는 인물이나 사건을 키워드로 제시할 수 있다.
- 모둠 활동 : 모둠별로 2장 이상의 사진으로 스토리텔링을 한다. 가능한 모둠 인원수에 해당하는 사진을 활용하게 하는 것

이 효과적이다. 브레인스토밍의 방법으로 할 수도 있고, 각자 사진을 1장씩 고른 후 스토리텔링을 할 수도 있다.

- 발표 : 모둠별로 발표를 한다. 자석을 사용하면 사진 카드를 칠판에 쉽게 부착할 수 있다.

통합사회에서 '행복'을 키워드로 다음과 같은 이야기가 나왔다.

1. 삶은 끝없는 경쟁 속에 쫓고 쫓기는 여정이다.
2. 때로는 넘어지고 때로는 고난이 닥쳐온다.
3. 하지만 나는 끝까지 포기하지 않고 달리겠다.
4. 그래서 내 삶에서 아름다운 행복의 꽃을 피우겠다.

1. 사람은 마음 가득 들어찬 관심과 사랑을 줄 때 행복해진다.

2. 행복은 서로 다름을 인정하고 받아들일 때 아름다운 조화를 이루며 다가오는 것이다.

3. 행복은 여유로움과 휴식 시간을 가질 때 보인다.

4. 그러므로 행복은 서로를 관심과 따뜻한 눈으로 바라보고 동행하는 것이다.

한 줄 글쓰기

한 줄 글쓰기는 주제에 맞는 사진을 고른 후 한 줄 글쓰기를 하고, 모둠에서 서로의 이야기를 나눈 후 이야기를 연결하는 활동이

하브루타로 교과수업을 디자인하다

다. 다음은 이옥영 수석교사의 수업 사례이다.

- '행복'에 대한 사진을 하나씩 고른다.
- 자신이 고른 카드를 보고 '행복'에 대한 한 줄 글쓰기를 한다.
- 모둠에서 돌아가며 왜 행복을 그렇게 표현했는지 이야기한다.
- 4명이 쓴 글을 표현이 자연스럽게 연결되도록 나열한다.
- 정리된 것을 연결해 발표한다.

수업 소감은 다음과 같다.

▶ 행복에 대한 스토리를 만들기 위해 사진을 고르고, 서로의 생각을 나누며 이야기를 만들었다. 친구들의 기발한 아이디어에 놀랐고, 평범한 사진에서 특별한 이야기를 만들어내는 것에 감탄했다. 다른 모둠의 다양한 스토리를 들으면서 시간이 어떻게 지나갔는지 모를 정도로 재미있는 수업이었다.

문학 작품 스토리텔링

소설이나 시(詩)를 배운 후 광고 만들기, 이야기 결말 이어가기 등의 활동을 한다. 이 활동은 소설이나 시를 완전히 이해한 후 재구성할 수 있어야 가능하다. 이옥영 수석교사의 사례를 제시한다.

황순원의 〈소나기〉 광고하기

• 학생들에게 사진 카드를 나누어준다.

• 소설을 읽고 나서 느낀 감상을 바탕으로 사진 카드를 고른다.

• 사진을 고른 이유를 모둠원끼리 설명하게 한다.

• 이야기를 연결해 하나의 완결된 소설 광고 문구를 만든다.

1. 깨끗하고 가련한 연꽃처럼 아름답고 순수한 사랑 이야기입니다.

2. 소녀의 밝고 아름다운 미소에 소년은 마음이 끌렸고, 소녀는 든든한 소년에게 자신의 가녀린 마음을 기대게 되었죠.

3. 이들의 사랑은 해바라기 꽃처럼 따뜻하고 환하게 피어날 것

같았죠. 하지만 소년이 사랑을 알기 시작할 때 소녀는 하늘로 떠났습니다.

4. 그러나 소년의 가슴속에는 영원히 청순하고 맑은 사랑의 꽃이 피어 있을 것입니다. 순수한 사랑을 알고 싶은 당신께 황순원의 〈소나기〉를 소개합니다.

김유정의 〈동백꽃〉 이야기 결말 이어가기
• 학생들에게 사진 카드를 나누어준다.
• 소설의 뒷이야기를 만들고, 연상되는 카드를 선정한다.
• 사진을 고른 이유를 모둠원끼리 설명한다.
• 서로 이야기를 정리하고 연결해 하나의 완결된 소설의 뒷이야기를 만들고 발표한다.

1. 주인공 '나'는 점순이에게 '니가 세상에서 제일 이쁘다'라고 정식으로 고백하게 된다.
2. 둘은 낙엽이 떨어진 공원에서 데이트를 즐기기도 한다.

3   4

3. 주인공 '나'는 부모님 몰래 점순이와 닭을 길러 알을 팔아 부 자가 된다. 이 사실을 알게 된 점순의 부모님은 결혼을 허락 한다.

4. 드디어 주인공과 점순이는 결혼하게 되고 동네에서 소문난 행복한 가정을 이루며 살게 된다.

진로 설계 스토리텔링

사진으로 자신의 꿈을 설명하는 방법이다. 단순한 꿈보다는 '꿈 너머 꿈'을 이야기하게 하는 것이 바람직하다. '꿈 너머 꿈'이란, '꿈을 이룬 다음의 꿈'이다. 직업이 자신의 행복만을 위한 것이 아 니라 공동체를 위한 것임을 강조한다.

진정한 진로교육은 직업을 가진 이후에 어떤 활동을 할 것인가 에 있다. 다음은 '꿈 너머 꿈 하브루타' 수업 이후 사진 카드로 스 토리텔링한 사례이다.

1. 사람들이 파란 하늘과 구름을 보게 하고 싶습니다.

2. 또한 여유를 가지고 푸른 바다도 보게 하고 싶습니다.

3. 나의 꿈은 환자들을 연인처럼 사랑하는 안과 의사입니다.

4. 그 꿈을 향해서 저는 계속 달리겠습니다.

다음은 이옥영 수석교사의 수업 사례이다. 사진으로 자신의 과거, 현재, 미래를 설명하게 한다.

• 활동지 왼 칸에 자신의 과거 모습에 해당하는 사진을 고른다.

• 활동지 오른 칸에 미래의 성공한 내 모습을 상상하며 그에 맞

는 사진을 고른다. 제목을 적고 모둠에서 발표한다.

• 활동지 가운데 칸에 현재의 내 모습을 상상하는 사진을 고른다.

• 성공한 나의 미래를 위해 지금 무엇을 실천해야 할지 3가지를 적어본다. 제목을 적고 모둠에서 발표한다.

• 활동이 끝나면 핸드폰으로 활동지를 찍고 정리한다. 모둠에서 1명씩 발표한다.

필자는 수업 동아리 선생님들과의 첫 모임에서 자신의 수업 모습을 스토리텔링하게 한 적 있다. 다음과 같은 이야기가 만들어졌다.

1. 저는 이제까지 수업에서 일방적으로 연주를 하던 외로운 연주자였습니다.
2. 아직 훨훨 날지 못하고 땅에 한 발을 딛고 날갯짓을 하고 있습니다.
3. 언젠가 훨훨 자유롭게 날갯짓하면서 저의 빛깔에 맞는 수업을 하고 싶습니다.
4. 그래서 혼자가 아닌 아이들과 함께하는 연주를 하고 싶습니다.

4장

하브루타로
교과 수업하기

국어(문학)
〈허생전〉으로 이야깃거리 만들기

문학 작품은 하브루타에 적합한 텍스트이다. 작품 속 줄거리, 인물 간 갈등, 인물 평가, 삶과의 연결 등 다양한 상황에서 대화와 질문, 논쟁이 가능하다. 토론에는 배경 지식이나 별도의 준비가 필요한 경우가 많지만, 문학 작품의 경우 이야기를 함께 읽고, 줄거리나 인물 등을 통해 다양한 이야깃거리를 만들 수 있다. 다음은 충주 예성여자고등학교 이준만 선생님의 사례이다. 하브루타 수업 절차와 활동 방법은 다음과 같으며, 단원에 따라 2~5차시 동안 진행된다.

하브루타 수업 절차와 활동 방법

내용	활동	시간	차시
교과서 본문 낭독	전체 활동	5~20분	1차시
키워드 요약 후 짝에게 설명	짝 활동	10~15분	1차시
본문 요약해서 쓰기	개별 활동	10~15분	1차시
질문 만들고 짝 토론	짝 활동	5~10분	2차시
모둠 대표 질문 만들기	모둠 활동	10~15분	2차시
모둠 질문에서 대답 토의	모둠 활동	5분	2차시
모둠 질문으로 전체와 대화	전체 활동	20~25분	2차시
교사 질문으로 전체와 대화	쉬우르	40~45분	3차시
세상의 모든 질문하기	전체 활동	40~45분	4차시
삶과 연결하기	전체 활동		5차시

다음은 앞의 절차를 〈허생전〉 수업에 적용한 사례이다.

〈1차시〉 본문 낭독과 키워드 요약 후 짝에게 설명하기

1. 본문 낭독(25분) : 교과서 지문을 큰 소리로 낭독한다. 장면 전환을 기준으로 16부분으로 나누어 분단별 한 장면씩 읽는다. 시(詩)는 학급 전체가 함께 읽고, 소설과 비문학처럼 지문이 긴 경우는 장면을 나누어 분단별로 읽는다.

2. 키워드 요약(10분) : 짝끼리 〈허생전〉을 반으로 나누어 다시 읽으면서 키워드로 요약하게 한다. 짝에게 설명하기 위한 활동이라는 점을 미리 알려주면 집중해서 읽는다.

3. 짝에게 설명하기(5분) : 본문을 보지 말고 짝에게 설명하게 한다. 그렇지 않으면 교과서를 줄줄 읽게 된다. 메모한 키워드를 보면서 설명하는 것은 허용한다.

4. 본문 요약해서 활동지에 쓰기(10~15분) : 지문 전체의 장면(문단)별 핵심을 요약해서 요약 활동지에 쓴다. 진도 등의 문제로 시간이 부족하면 과제로 부여한다.

〈2차시〉 질문 만들기 하브루타

1. 짝 토론(10분) : 지문에서 질문을 2개 이상 만들고, 짝과 대화한다. 짝의 대답과 자신의 대답을 활동지에 쓴다.

2. 모둠 대표 질문 만들기 및 판서(10분) : 개인이 만든 8개의 질문에서 모둠 대표 질문을 정한다. 자기 질문이 선정되도록 적극적

으로 설득해야 한다는 점을 강조한다. 대표 질문은 판서한다.

3. 모둠 질문에서 대답 토의(5분) : 각 모둠 대표 질문 중, 자신의 모둠 질문이 아닌 것 중에서 하나를 선택한다. 모둠 토론으로 대답을 생각해서 정리한다.

4. 모둠 질문으로 전체와 대화(15분) : 첫 번째 모둠 대표 질문에 대한 대답을 생각한 모둠이 있는지 물어본다. 없으면 두 번째 질문으로 넘어가고, 대답을 생각한 모둠이 있으면 발표한다. 궁금한 점은 발표한 학생에게 질문할 수 있다. 질문을 받은 학생은 대답하고, 필요할 경우 모둠원과 상의해서 대답한다. 시간이 오래 걸리는 경우 대답에 대한 질문의 개수를 제한한다. 교사는 개입을 최소화한다. 학생들 사이에서 배움이 일어나도록 해야 하기 때문이다. 다음은 학생들이 만든 모둠 대표 질문이다.

◆ 1학년 1반

－허생이 나온 뒤, 섬에 살던 사람들은 어떻게 되었을까?

－허생은 과연 아내를 사랑할까?

－변씨는 왜 허생의 이름을 물어보지 않았을까?

－이튿날 다시 허생의 집을 찾아갔을 때 집은 텅 비어 있었다. 허생과 그의 아내는 어디로 갔을까?

－허생은 왜 변씨에게 50만 냥을 줄 생각을 안 하고 바다에 버렸을까?

– 변씨는 왜 허생의 성이 허 씨라는 것을 알고 탄식했을까?

◆ 1학년 2반

– 허생이 도적들을 섬에 데리고 가서 얻고자 한 것은 무엇일까?

– 만약 변씨가 돈을 빌려주지 않았다면 허생은 어떻게 했을까?

– 허생은 왜 돈은 벌지 않고 오로지 책만 읽으며 살까?

– 허생이 간 곳이 없었다는 말은 무슨 의미일까?

– 허생은 집에 있는 아내를 만났을까? 만나지 않았다면 그 이유는 무엇일까?

– 허생이 '사재기는 인민을 해친다'고 했는데 허생이 한 사재기는 정당한 것일까?

◆ 1학년 3반

– 내가 만약 돈 100금을 받은 도적 중 한 명이라면 어떤 소와 어떤 남편감을 데리고 올까?

– 허생은 아내와 싸운 후 왜 집을 나갔고, 변씨에게 돈을 빌려 왜 이런 일을 했을까?

– 왜 다른 장사꾼들은 허생처럼 사재기로 장사하지 않았을까?

– 허생은 마지막에 어디로 간 것일까?

– 박지원은 허생을 통해 당대 사회를 비판했다. 조선 후기 상황은 어땠을까?

– 〈허생전〉의 결말은 어떤 의미이고, 왜 그렇게 끝냈을까?

〈3차시〉 쉬우르 : 교사 질문으로 전체와 대화

쉬우르는 교사가 만든 질문으로 학생들과 대화를 나누는 활동이다. 물론 질문 꼬리에 꼬리를 물어 학생들 사이의 대화로 이어질 수도 있다. 학생들이 활발하게 참여하면 시간을 늘린다. 학생들의 모둠 대표 질문에 나오지 않은 부분에서 질문을 만든다. 다음은 교사가 만든 질문이다.

1. 그처럼 가난한 상황에서 독서만 좋아하는 허생을 어떻게 평가해야 할까?
2. 허생처럼 목표한 일을 중간에 그만둔 적이 있는가? 왜 그랬는가?
3. 돈을 빌리는 허생은 왜 그렇게 당당할 수 있었을까?
4. 허생의 사재기는 정당한 일인가?
5. 덕(德)만 있으면 사람이 저절로 모일까?
6. 변산반도의 도적 떼 수천은 왜 함부로 노략질할 수 없었을까?
7. 허생은 왜 '아이들이 태어나 숟가락을 잡게 되면 오른손으로 잡도록 가르치고, 하루라도 나이가 많은 사람이 먼저 먹도록 양보하게 하라'고 했을까?
8. 허생은 왜 50만 냥을 바다에 버렸을까?
9. 허생은 왜 10만 냥을 다 받을 수 없다는 변씨에게 화를 냈을까?
10. 재물로 정신을 괴롭힐 수 있을까?

11. 목적이 수단을 정당화할 수 있을까?

12. '되고, 안 되고는 하늘에 달린 것이다'라는 말은 과연 옳은 말일까?

13. 허생이 이완 대장에게 제시한 3가지 계책은 무엇인가?

14. 글쓴이는 왜 이런 결말을 만들었을까?

15. 〈허생전〉에 부제를 붙인다면?

16. 현대 인물(특정인 또는 인물 유형) 중에서 〈허생전〉의 인물과 연결한다면?

17. 〈허생전〉 인물 중 한 사람을 현대 법정에 세운다면?

이 중 5가지 질문으로 '쉬우르'를 했다. 나머지는 학교 홈페이지에 올려 학생들 스스로 대답을 생각해보게 했다. 17번 질문은 모의 법정 활동으로 연결할 수 있다.

〈4차시〉 세모질 : 세상의 모든 질문

1. 본문을 다시 혼자 읽으며 모르는 단어, 구절, 상황 등 정리하기(15분)

2. 짝과 자신이 찾은 모르는 부분에 대해 이야기하기(15분)

3. 해결하지 못한 궁금한 부분을 교사에게 질문하기(15분)

본문을 다시 혼자 읽으며 모르는 모든 부분을 찾으라고 한다. 그런 다음 짝 대화를 통해 해결하도록 한다. 해결할 수 없는 부분은 교사에게 질문하게 한다. 이 활동을 '세상의 모든 질문', 줄여서 '세모질'이라고 부른다. 학생들의 시시콜콜한 궁금증까지 모두 풀어주어야 학생들이 학교 정기고사를 위한 공부를 할 수 있을 것 같아 진행하는 활동이다.

〈5차시〉

단원이 끝나면 학생들이 삶과 연결할 수 있는 활동을 한다. 교과서 학습활동을 약간 변형해 구상하며, 사례는 다음과 같다.

삶과 연결하는 활동 사례

제목	갈래	활동
영훈이의 역사 누리방 – 청기와 발견 사건	비문학	관심 블로그에 댓글 달기
등나무 운동장 이야기	비문학	지역에 필요한 '공공 건축 제안서' 만들기
〈허생전〉	고전 소설	모의 법정 : 등장인물 현대 법정에 세우기
〈향수〉	현대시	자신의 인생 한 장면을 소재로 생활시 쓰기
〈두근두근 내 인생〉	시나리오	자신의 일상생활을 소재로 시나리오 1~2장면 쓰기
〈수오재기〉	고전 수필	자신의 집 또는 방에 이름 붙이기

〈허생전〉 모의 법정은 다음과 같이 모둠별로 인물을 다르게 선정해 5~10분 내외로 진행한다. 한편, 《애들아, 하브루타로 수업하자!》에서는 〈허생전〉으로 모의재판, 신문 만들기, 그림 그리기, 노래 가사 바꾸기, 연극하기, 프레젠테이션(또는 동영상)의 6모둠

으로 나누어서 줄거리와 인물의 갈등 양상 등을 5분 내외로 표현하게 한 사례가 소개되어 있다. 1~2차시가량 필요하며 진도에 따라 생략하거나 기말고사 이후 실시할 수도 있다.

1. 모둠별 모의 법정 인물 선정 : 교사가 등장인물을 판서한 후 모둠별로 모의 법정에 세울 인물을 정한다. 가능한 중복되지 않도록 조정한다. 모둠별로 왜 그 인물을 모의 법정에 세우려고 하는지 이유를 정하고 발표한다.
2. 모둠별 시나리오 만들기 : 재판장, 검사, 변호사, 고발자, 피고인, 질의자 등의 역할을 정하고 모둠원끼리 머리를 맞대고 모의 법정 시나리오를 만든다. 모둠에서 시나리오를 쓸 학생을 따로 정할 수도 있다.
3. 모의 법정 실시 : 모둠별로 시나리오에 따라 모의 법정을 실시한다.

질문과 대답 만들기 활동지

학년   반   번   이름 :

주 제	

- 질문 패턴 : "~는 무엇일까?", "~는 왜 그럴까?", "~을 왜 ~라고 했을까?", "~이 ~이라면 ~는 어떻게 될까?", "~의 예를 들면?", "~는 과연 그럴까?", "~에 대해 나라면 어떻게 할까?"
- 대답 패턴 : "나는 ~라고 생각해. 왜냐하면 ~이기 때문이야. 너는 ~에 대해 어떻게 생각하니?"

	질문	나의 대답과 이유	짝의 대답과 이유
1			
2			
3			
4			
5			

하브루타로
교과수업을
디자인하다

국어(문법)
음운의 변동 쉽게 이해하기

고등학교 1학년을 대상으로 국어 문법 수업에서 하브루타를 적용한 학성고등학교 장경석 선생님의 사례이다. 석사 학위 논문 〈국어 문법 수업에서의 하브루타 효과 연구〉를 발췌해서 소개한다. 단원은 음운 영역인 '3. 국어의 올바른 언어생활' 중 '(2) 음운의 변동'이다.

중등학교 문법교육에 대한 국어 교사의 인식을 질적으로 연구한 논문[1]에 따르면 대부분의 교사는 문법교육에서 강의식 수업을 하며, 학생 활동 중심의 '탐구 학습'을 실천한다는 응답은 없었다. 그 이유는 교과서 문법 이론은 이미 학자들에 의해 정리되어 있기 때문에 탐구할 이유가 없다고 인식하기 때문이다. 또한 진도에 쫓겨 탐구할 시간이 부족한 것도 영향을 미친다.

문법에서 교사 주도의 설명 방식이 보편적인 것은 문법 영역의 성격, 문제 풀이 위주의 수업 환경 등에 기인하는 것으로 보인다. 이러한 교사들의 인식과는 달리 2015 개정 교육과정 문법 영역 성취기준에서 다음과 같은 주안점을 강조한다.

---

1. 김중수, 〈중등학교 문법교육에 대한 국어 교사의 인식 연구〉, 부산대학교 대학원 박사 학위 논문, 2015

고등학교 1학년 문법 영역 성취기준은 국어의 특성과 국어 운용 원리에 대한 탐구를 바탕으로 해 국어를 상황에 맞게 사용하는 능력과 국어를 사랑하는 태도를 기르는 데 중점을 두어 설정했다. 국어에 관한 지식을 활용해 다양한 국어 현상과 자료를 이해하고 실제 국어 생활을 개선하는 데 주안점을 둔다.[2]

문법의 원리를 탐구하고, 일상생활 속에 적용하기 위해서는 교사의 체계적인 설명도 중요하지만, 학생 스스로 생각하고 시도해 보는 활동이 필요하다. 지식 중심적인 문법 영역의 특성상 하브루타의 핵심인 '토의·토론'의 강점을 극대화하기에는 어려움이 있지만, 교사 설명을 바탕으로 학생 스스로 문법 현상을 탐구하는 활동을 통해 수업 내용을 삶의 자리로 이어갈 수 있으리라 본다.

문법의 특성상 교사가 다양한 예시를 제시하는 경우가 많지만, 이는 학습자가 탐구 과제에 대해 생각하게 하기보다는 설명에 의존하게 만든다고 판단했다. 따라서 강의 단계에서 텍스트 중심으로 설명했고, 교과서에 제시된 설명과 예시 외에는 학생들에게 제시하지 않았다.

하브루타는 학생들이 질문을 만들고, 질문에 대한 답을 스스로 찾는다. 하브루타로 문법 수업을 하면서 학생 질문에 놀랐다. 교사가 전혀 생각지도 못한 질문을 던지는 경우도 있었고, 수업에서 언급하고자 했던 핵심을 정확히 짚어내는 질문도 있었다. 또

---

2. 2015 개정 교육과정

하브루타로
교과수업을
디자인하다

차시별 수업 내용

구분	수업 내용
1차시	· 음운과 음운 체계 · 음운의 변동(비음화, 유음화, 구개음화, 된소리되기) · 질문 만들기 하브루타
2차시	· 음운의 변동(두음법칙) · 목표 학습 · 친구 가르치기 하브루타
3차시	· 음운의 변동(모음 탈락, 반모음 첨가, 거센소리되기) · 목표 학습 · 적용 학습 · 문제 풀이 하브루타 : 형성평가 활용

한 활동을 살피면서 학생들이 아는 부분과 모르는 부분을 분명히 확인할 수 있었고, 쉬우르를 통해 모르는 부분을 중점적으로 설명할 수 있었다. 하브루타를 문법 영역에 적용한 결과 체계적인 설명이 중요한 지식 중심적인 문법 수업에서도 효과적이라고 생각하게 되었다.

하브루타 수업 활동지는 다음과 같다.

질문 만들기 하브루타 활동지

(2)음운의 변동(p.120~123)		확인	
모둠 이름		1학년 반 번 이름 :	
내용	비음화, 유음화, 구개음화, 된소리되기		
구조	질문 만들기 하브루타		
공부한 내용 정리	자유롭게 필기, 도식화		
나의 질문	1. 2. 3. 4. 5.		
짝 질문 (1가지)			
모둠 질문 (1가지)			
배우고 느낀 점	더 궁금한 점		

친구 가르치기 하브루타 활동지

(2)음운의 변동(p.120~123)		확인	
모둠 이름		1학년 반 번 이름 :	
내용	두음법칙, 목표 학습 1, 2, 3		
구조	친구 가르치기 하브루타		
개별 활동	친구에게 가르칠 내용 정리(자유롭게 필기, 도식화)		
친구가 가르친 내용에 대한 질문	해결되지 못한 질문은 '☆' 표시		
짝 토의 (1가지)	선정한 질문 및 답안		
모둠 토의 (1가지)	선정한 질문 및 답안		
배우고 느낀 점	더 궁금한 점		

문제 풀이 하브루타 활동지

(2)음운의 변동(p.120~123)		확인	
모둠 이름		1학년 반 번 이름 :	
내용	모음 탈락, 반모음 첨가, 거센소리되기		
구조	문제 풀이 하브루타		
개별 활동	공부한 내용 정리(자유롭게 필기, 도식화)		
나의 질문	공부하면서 떠오른 질문 : 해결되지 못한 질문은 '☆' 표시 1. 2. 3. 4. 5.		
짝 토의 (1가지)	선정한 질문 및 답안		
모둠 토의 (1가지)	선정한 질문 및 답안		
배우고 느낀 점	더 궁금한 점		

하브루타로
교과수업을
디자인하다

질문 만들기 하브루타에서 학생들은 다음과 같은 질문을 만들었다.

- 유음은 왜 유음일까?
- 구개음에서 구개는 무엇일까?
- 합성어에서는 왜 구개음화가 일어나지 않는가?
- 비음화에서 파열음의 뜻은?
- 어간과 어미의 뜻은?
- '유음화'의 예외 상황은 왜 일어나는가?
- 예사소리, 된소리가 어떤 음인가?
- '잔디'가 구개음화가 일어나지 않는 이유는?
- 만약 음운 변동이 없었다면 어땠을까?
- 왜 음운 변동은 비슷한 자음 체계에서 일어날까?
- 음운 변동에서 다른 것으로 대체할 수 있을까?
- 비음화에서 ㅁ, ㄴ, ㅇ으로 바뀌어야 한다고 했는데 한 가지 예시에서 세 음 모두로 바뀔 수 있는가?
- 된소리되기의 예시에서 왜 어미의 첫소리만 변하는가?
- '채점', '공권력'은 된소리 조건에 만족하지 않는데 왜 '채쩜', '공꿘력'이라고 발음하는가?

수업 후 설문을 받아서 학생들이 느끼는 하브루타의 효과와 어려운 점을 파악해보았다. 다음과 같은 이야기가 나왔다.

▸ 혼자서 개념을 공부하다 보면 분명 오류가 생기기 마련인데, 여러 친구와 이야기하면 더 나은 의견을 알 수 있고, 새로운 것을 알아가는 재미가 큰 것 같다. 별로 지루하지 않고 잠이 안 온다.

▸ 혼자서 수업을 들으면 잠시 딴생각하는 사이에 수업 진도가 꽤 나갈 때가 있다. 그러나 하브루타 수업은 계속 말하고 듣는 가운데 수업에 집중을 유지할 수 있었다. 또한 내가 미처 발견하지 못한 궁금증을 짝이 찾아줘서 좀 더 폭넓은 생각을 할 수 있게 되었다.

▸ 잘 모르는 것도 서로 말을 통해 더 잘 이해가 되고 개념을 확실히 잡을 수 있었다. 기존 수업은 복습을 안 하면 잊게 되는데, 하브루타는 기억에 오래 남는다. 활동 시간을 더 많이 주면 좋겠다.

▸ 말이 없는데 말을 하라고 하니 힘들다. 조용한 수업에 적응되어서인지 하브루타를 하려니 너무 귀찮고 할 말도 없다. 그래도 선생님 노력하시는 모습은 보기 좋았다.

▸ 질문과 토론하기 위해서 탐구 능력이 있어야 하는데, 나는 그렇지 않아서 구체적인 질문 만들기가 어려웠다. 질문을 만드는 방법을 가르쳐줬으면 좋겠다.

▸ 문법은 자기 주장을 내세우기보다는 아느냐, 모르냐가 중요하기 때문에, 나와 짝이 다 모르면 할 말이 없어진다.

수학
친구 가르치며 문제 풀이하기

정년이 얼마 남지 않은 어느 수학 교사가 수업 시간에 딴짓을 하고 공부하지 않는 학생들의 모습에 회의가 들어 명퇴를 결심했다가, 같은 수학 교사인 딸의 권유로 거꾸로 교실을 만난 후 다시 수업에 보람을 느낀다는 내용을 TV에서 본 적이 있다. 이 선생님은 지푸라기라도 잡는 심정으로 거꾸로 교실을 시작했지만, 결과는 대성공이었다. 수업에서 교사의 가르침을 내려놓고, 아이들의 활동으로 채웠다. 그랬더니 교실에 활기가 넘치고 배움이 넘쳤다.

이 수학 교사의 대표적인 수업 방법이 친구 가르치기이다. 교사의 설명은 잘 듣지 않던 아이들이 친구의 설명은 잘 들었다. 모르는 내용은 스스럼없이 질문했다. 학생들끼리 서로 가르치고 서로 배웠다.

수학 수업에서 가장 많이 활용할 수 있는 하브루타 수업모형은 친구 가르치기이다. 교사의 설명으로 개념을 익힌 후 수학 문제를 모둠에서 서로 의논하면서 같이 공부하고, 친구에게 설명하는 방법으로 공부한다면, 교사의 일방적인 문제 풀이 강의 수업보다 훨씬 효과적이다.

신선여자고등학교 공개수업에서 본 고3 교실 수학 수업에서의 친구 가르치기 사례를 소개한다. 수업을 진행한 고은경 선생님은 평소 거꾸로 교실로 수업을 했다. 필자는 공개수업 참관 전에 일반고 고3 교실 여학생반이니까 수포자가 반은 될 것이고, 다른 선생님들이 참관하는 공개수업이니까 학생들은 예의를 갖춰 기본은 할 것으로 생각했다. 그런데 수업을 보고 깜짝 놀랐다. 수학 수업에서 하브루타의 답을 찾았다. 수업 내내 학생들은 활기차게 묻고 답했다.

학습목표

로그와 상용로그의 뜻을 알고, 다양한 문제를 풀이할 수 있다.

수업 절차

1. 교사 강의 : 기본 개념 설명, 유제 문제 풀이(수업 전 로그에 대한 기본 개념과 예제 문제 풀이를 설명하는 디딤 영상을 시청한 후 예습 학습지를 수행하도록 사전에 안내한다.)를 한다.

2. 오개념 퀴즈 : 오개념 퀴즈를 통해 오개념을 찾고 로그의 기본 개념을 정리한다.

3. 예습 학습 확인 : 지난 시간 배부한 예습 학습지(나만의 개념 정리, 유제 문제 풀이, 핵심 전략 찾기로 구성)를 확인한다. 아이들은 대부분 풀어왔으며, 혹시 안 풀어왔거나 어려워 못 풀어온 학생들은 모둠 내에서 친구 가르치기를 통해 해결했다. 교사는 추가 설명이 필요한 문제는 판서를 통해 설명하고, 순회하면서 개별 지도를 한다.

4. 수준별 모둠 문제 풀이 : 모둠을 수준별로 A팀과 B팀으로 나누

친구에게 수학 풀이 과정을 설명하는 모습

어 팀별로 별도의 문제를 풀이하게 한다. 디딤1, 디딤2, 도약, 도전 문제의 4문제로 구성되어 있다. 이때도 역시 활발하게 친구 가르치기가 이루어지며, 교사는 순회 지도를 한다.

5. 모둠별 화이트보드에 1문제씩 풀이 : 교사는 모둠장을 나오게 해서 문제가 골고루 분배되도록 하고, 모둠별 오늘의 선생님을 선정하고 화이트보드에 문제에 대한 풀이를 적도록 지도한다.

6. 화이트보드 칠판에 부착 후 설명하기 : 모둠별 화이트보드를 모두 칠판에 붙이고 오늘의 선생님은 문제 앞에서 친구들의 질문을 받는다. 학생들은 자유롭게 이동하며 문제 풀이를 확인하고 모둠별 오늘의 선생님에게 설명을 듣고, 질문한다. 이때

같은 문제를 다르게 풀이하는 방법을 배우기도 한다. 어떤 학생은 개별적으로 친구 가르치기와 배우기를 한다.

수업 지도안

학습 과정	교수-학습활동	
	교사 활동	학생 활동
도입 (7분)	− 흥미 유발 · 지진의 규모와 로그의 관계를 통해서 흥미를 유발한다. − 오개념 퀴즈 · 오개념 퀴즈를 통해서 오개념을 찾고 로그의 기본 개념을 정리한다.	− 흥미 유발 · 지진의 규모와 로그의 관계를 통해서 흥미를 가진다. − 오개념 퀴즈 · 퀴즈를 풀면서 로그 개념의 오개념을 파악하고 기본 개념을 정리한다.
전개 (38분)	− 예습 학습 확인 · 개념 정리와 예제 문제의 풀이를 토론하도록 지도한다. − 수준별 모둠 문제 풀이 · 수준별로 A, B팀을 구분한다. · 팀별로 디딤1, 디딤2, 도약, 도전 문제를 풀이하게 한다. · 문제를 풀이한 후 팀별 1문제씩 화이트보드에 풀이를 적도록 지도한다. · 오늘의 선생님을 뽑아 질문이 있는 친구들에게 풀이를 물어보게 한다. · 질문이 끝난 후 각자 학습지를 정리하게 한다.	− 예습 학습 확인 · 예습 학습지를 통해서 궁금한 점을 친구들에게 물어보며 해결한다. − 수준별 모둠 문제 풀이 · 예습 학습지를 통해서 모둠의 수준을 정한다. · 팀별로 문제를 풀이한다. · 1문제씩 정해 화이트보드에 풀이를 적는다. · 모둠별 오늘의 선생님을 선정한다. · 친구들이 궁금해하는 문제를 친절히 설명해준다. · 질문이 끝난 후 각자의 자리로 돌아와서 모둠별로 학습지의 문제를 풀이하며 정리한다.
정리 (5분)	− 학습 내용 정리 − 과제 제시 − 차시 학습 내용 예고	− 학습 내용 정리 − 과제 확인 − 차시 학습 내용 확인

다음은 광양 영재교육원 주관 하브루타 토론 심화 과정 중에서 김종일 선생님의 수업이다. 수학 수업에 시와 수필이 등장하는 융합 수업의 좋은 사례이기도 하다. 중2 '도형의 성질' 중 '평행선과 넓이' 단원이다.

동기 유발

시 한 편으로 자연스럽게 학습 내용인 '평행선'을 소개했다. 김남조 시인의 〈평행선〉으로 제목을 짓는 활동이다. 학생들은 이 시의 제목이 〈평행선〉이란 것을 모르고 첫사랑, 짝사랑, 스토커, 한반도(분단된 모습 상상), 부모님이라고 하는 등 다소 엉뚱한 제목을 짓기도 했다.

우리는
서로 만나본 적도 없지만
헤어져본 적도 없습니다

무슨 인연으로 태어났기에
어쩔 수 없는 거리를 두고 가야만 합니까

가까워지면 가까워질까 두려워하고
멀어지면 멀어질까 두려워하고

나는 그를 부르며

그는 나를 부르며

스스로를 져버리며

가야만 합니까

우리는 아직 하나가 되어본

적도 없지만은

둘이 되어본 적도 없습니다

생각해볼 문제 : 공평한 분배

두 사람이 땅을 파다가 황금 덩어리를 발견했다. 이 둘은 공평하게 나누기로
합의하였다. 어떻게 나누는 것이 좋을까?

• 자기 생각 :

• 짝 생각 :

짝 토론으로 공평하게 분배할 수 있는 방법을 나눈다. '황금을
팔아서 돈으로 바꾼 후 그 돈을 공평하게 나누자', '저울을 사용하
여 2등분한다', '한 사람이 나누면 다른 사람이 선택한다', '땅 주인

이 누구인지 모르니 주인에게 돌려준다' 등의 다양한 의견이 나왔다. 이 중 학생들이 선택한 최종 방법은 '황금을 팔아서 돈으로 바꾼 후 분배한다'라는 의견이었다.

오늘의 해결 과제

'평행선을 이용해 다음 문제를 어떻게 해결할 것인가?'가 수업의 핵심이다. 이를 위해 학생들은 질문을 만들고 짝, 모둠과 함께 해결해야 한다. '오늘의 해결 과제'를 살펴본 후 기하학의 탄생 배경에 대한 이야기로 질문을 만드는 시간을 가졌다.

> A와 B라는 두 사람이 아래 그림과 같은 모양의 땅을 소유하고 있다. 이 두 사람은 빈 땅에 건물을 지으려고 하는데, 땅의 모양이 사각형 형태가 아니라서 건물을 어떻게 지어야 할지 고민이다. 두 사람은 모두 직사각형 형태로 건물을 지어야 공간 효율성이 좋다는 것을 알고 있다. 그들은 땅을 사각형 형태로 똑같이 나누기로 합의한다. 그런데 문제가 발생했다. 애석하게도 그들은 어떻게 해야 자신이 소유하고 있는 땅의 넓이는 똑같고, 모양은 사각형 형태로 변형할 수 있는지 알지 못했다. 어떻게 해야 할까?

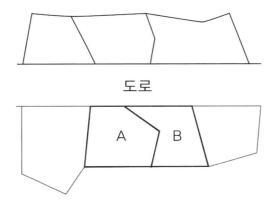

도로

기하학의 탄생[3]

세계 4대 문명 중 하나인 이집트 문명은 나일강 유역에서 시작되었다. 나일강은 해마다 강이 범람(홍수)한 뒤 물이 빠지고 나서 농사를 지으려 할 때 예전의 농토는 씻겨나가고 새 흙이 쌓여서 사람마다 각자 소유했던 땅을 정확히 파악하기 어려웠다. 이 때문에 나라에서는 각자 소유한 땅이 얼마나 되는지를 파악하고 해마다 다시 배분하는 작업을 해야 했으며, 이로부터 '땅을 측량한다'는 뜻의 'geometry'가 싹트게 되었다. 'geo'는 땅을 의미하고, 'metry'는 측량을 의미한다. 단어의 의미만 생각해보아도 기하학은 땅을 측량하기 위해 탄생한 학문이라 추측할 수 있다.

그런데 기하(幾何)를 한자로 쓰면 '몇 기(幾)', '어찌 하(何)'이다. 왜 도형을 연구하는 학문인 기하학의 한자 풀이가 '몇 어찌'일까? 이것은 중국에서 'geometry'를 받아들일 때 'geo'의 발음을 따와서 '지허'라고 읽고 가장 비슷한 발음이 나는 한자인 '幾何'를 사용했을 것으로 추측한다. 이러한 한자 영향으로 우리가 배우는 '기하'라는 것 자체에는 도형에 대한 내용은 사라졌지만 '땅의 넓이가 얼마인가?'란 의미로 해석한다면 '몇 어찌'라고 이름 붙인 것도 어느 정도 이해할 수 있을 것이다.

학생들은 질문 만들기와 짝 토론을 통해서 자연스럽게 기하학이 어떻게 탄생하고 발전했는지 생각하고, 해결되지 않은 내용은 교사에게 질문하여 학급 전체가 생각해보는 시간을 가졌다. 다음으로 기하(幾何)라는 단어에서 말하는 〈몇 어찌〉라는 제목으로 쓴 양주동 선생님의 수필을 읽게 했다. 이는 우리가 '왜', '무엇 때문에' 수학을 해야 하는지 생각하게 한다.

---

3. 고중숙, 《중학 수학 바로 보기》, 텔림, 2013, pp.329-333

	질문 만들기 (깨달은 사실, 궁금한 내용, 떠오르는 생각 등)
1	
2	
3	
4	
5	
6	
7	
8	
9	
10	

짝 토론 (자신이 궁금한 질문을 하나씩 골라 짝과 토론하기)

나의 질문 :

상대 질문 :

교과서 문제 풀이

• 짝에게 설명하기 : 비상교육 교과서 '평행선과 넓이' 246쪽에 나와 있는 [개념 열기] 내용을 짝에게 설명하게 한다. 예제를 통하여 스스로 문제를 해결하는 방법을 생각하고, 짝끼리 서로 설명한다.

내 설명

___

짝 설명

___

짝 설명과 자신의 설명을 비교해보시오.

___

___

• 교과서 [소통과 나눔]의 내용을 보고 서로 설명하게 하기

내 설명

___

짝 설명

___

짝 설명과 자신의 설명을 비교해보시오.

___

• 모둠 해결 문제 제시 : 평행선 관련 문제로 다음 문제를 제시한
다. 지금까지 배운 방법을 최대한 응용하여 해결하는 문제이
다. 혼자 해결하기 어려운 문제를 협력하여 해결하는 데 목적
이 있다.

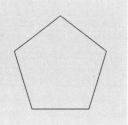

〈문제〉 오각형과 넓이가 같은 삼각형 만들기

평행선의 성질을 이용하면 어떤 도형은 넓이는 바뀌지 않고, 모양만을 바꿀 수 있다. 이와 같은 원리를 이용하여 오른쪽 오각형과 넓이가 같은 삼각형을 만드는 방법을 설명하시오.

수학은 문제를 풀이하려고 노력하는 가운데 창의성이 길러지기 때문에 함께 생각할 수 있는 과제를 제시한 것이다. 처음에는 학생들이 힘들어했지만, 교사가 평행선을 이용한 방법을 알려준 후 모둠별로 문제를 풀이하게 되었다. 그리고 교사가 학생을 지정하여 발표하는 시간을 가졌다.

교사가 어떤 학생을 지명할지 모르기 때문에 모든 모둠원이 설명할 수 있어야 한다. 이를 통해 학생들은 서로 돕고 협력하는 시간을 가진다. 모든 모둠의 발표가 끝나고 마지막으로 처음에 제시한 땅을 분배하는 문제로 다시 넘어왔다.

많은 학생이 다음 페이지의 그림과 같은 방법으로 문제를 해결했다. 학생들은 질문 중심 토론을 통해서 보다 적극적으로 수업에 참여했다. 협력으로 해결할 수 있는 교과서 수준의 문제를 제시함으로써 학습 의욕도 향상할 수 있었다. 또한 친구에게 설명하기나 발표를 통해서 자신들이 정확하게 이해하고 있는지 스스로 확인할 수 있었고, 무엇보다 학생들이 수업을 재미있어했다.

공개수업으로 이루어진 수업 이후 참관자들은 학생들이 교과

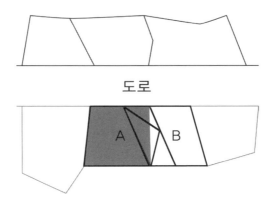

서나 교재를 읽고 질문과 토론을 통해 학습한다는 것에 대해서 긍정적 평가를 하였다. 또한 교과서를 중심으로 '학교 현장에서도 스토리텔링 형식을 기반으로 하는 토론 수업에 대한 가능성을 볼 수 있었다'는 점에 공감했다.

영어
말하기 중심의 협동 수업하기

우리나라 국민들처럼 영어를 잘하기 위해 노력하고, 많은 시간과 돈을 투자하는 사람들도 없을 것이다. OECD 국가 중 영어 사교육비 1위를 기록하고 있다. 그러면서도 IBT(Internet Based TOEFL) 성적은 세계 169개국 중 82위, 그중 말하기 영역은 125위에 그치고 있다.(미국교육평가원 ETS가 발표한 '2017년 전 세계 토플

성적 통계 데이터' 기준) 이유 중의 하나가 영어 공부 목적이 시험을 위한 공부이기 때문이다. 그렇다 보니 문법과 독해 위주의 수업이 진행되었고, 말하기와 쓰기 등 실생활과 관련된 영역은 수업시간에 비중이 약하게 다루어진 측면이 있다.

《최고의 영어교사, 중·고등편》(EBS 〈최고의 영어 교사〉 제작팀 공지)에서는 학교교육의 취약점인 말하기와 쓰기 중심 수업으로 '단계별 학습으로 진행되는 토론식 영어 수업', '과제 해결 중심의 영어 작문 수업', '실제 상황 가정한 실용 영어 수업' 등 17가지 수업 사례를 보여준다. 그중 '말하기 중심 모둠별 협동 영어 수업'의 본오중학교 안지혜 선생님 수업 사례를 소개한다. 선생님의 말하기 수업은 재미있는 게임을 통해 어려운 말하기를 모둠별 협력을 통해서 하게 된다.

말하기 수업의 과정

구분	과정
〈STEP 1〉 말하기 전 읽기 활동	1. 오늘의 주제 찾기 2. 듣기 1단계 : Jigsaw Listening으로 내용 이해하기 3. 듣기 2단계 : 감탄문 찾기
〈STEP 2〉 말하기 중심의 모둠 활동	1. 말하기 1단계 : 감탄문을 익히는 이구동성 게임 2. 말하기 2단계 : 주요 표현을 말해보는 Pointer Activity 3. 말하기 3단계 : 동작을 보고 추측하는 Guessing Game 4. 말하기 4단계 : 문장을 익히는 Pass the Parcel
〈STEP 3〉 말하기 후 점검 학습	1. 새로운 단어, 문장 익히기 2. 단계별 Reading으로 내용 정리하기 3. 나만의 애완동물 묘사하기

〈STEP 1〉 말하기 전 읽기 활동

1. 오늘의 주제 찾기 : 주제인 'Animal'에 관련된 동물 사진 자료를 보여주고 질문한다. 수업에서는 KBS 〈1박 2일〉에 나왔던 개 '상근이'를 보여주고, 질문을 통해서 수업 주제인 'Meet Animal Stars'를 유도한다.

2. 듣기 1단계 - Jigsaw Listening으로 내용 이해하기 : 짝이 된 A, B에게 같은 문장이지만 다른 빈칸이 있는 활동지를 나눠준 후, 각자 듣기를 하면서 서로 다른 빈칸을 채우게 한다. 이후 서로 답을 체크하게 한다. 이때 Part A 학생들이 문장을 읽게 하고 이를 통해 짝의 활동지에서 빈칸의 내용을 확인하고 문장을 완성하게 한다. 서로 다른 빈칸을 채우게 한 이유는 각자 빈칸을 잘 채워야 짝이 답안을 잘 체크할 수 있기 때문이다. 즉, 서로 돕는 협력 수업으로 책임감을 가지고 참여도를 높이기 위한 방법이다.

3. 듣기 2단계 - 감탄문 찾기 : 영화 〈쿵푸팬더〉를 보면서 2개의 감탄문을 찾아 각자 활동지에 적게 한다. 그리고 모둠의 의견을 모아 보드에 감탄문을 적게 한다.

〈STEP 2〉 말하기 중심의 모둠 활동

1. 말하기 1단계 - 감탄문을 익히는 이구동성 게임 : 교사는 감탄문에 대한 설명을 한 후, 감탄문을 익히는 이구동성 게임을 한다. 4명의 학생에게 감탄문을 구성하는 단어 1개씩을 보여준

하브루타로 교과수업을 디자인하다

영어 수업에서 영어로 말하기 모습

후 동시에 자기가 맡은 단어를 말하게 한다. 다른 모둠 학생들은 이구동성으로 하는 말을 듣고 감탄문을 완성해 보드에 쓴다. 수업에서 감탄문은 'What a fat cat'이다. 모두 1음절로 구성되어 있다.

2. 말하기 2단계 – 주요 표현을 말해보는 Pointer Activity : 배울 주요 표현을 포인터를 사용해서 묻고 답하는 모둠 활동이다. 수업에서 배울 표현은 Do you have…?라고 묻고 Yes I do, I have…. No I don't로 답하는 것이다. 교사는 칠판에 예시 문장을 적어가면서 아이들과 충분한 질문과 대화를 나눈 후에 모둠별로 대화하게 한다. 포인터를 든 학생은 질문을 만들어야 하고, 포인터로 지목당한 학생이 답해야 한다.

3. 말하기 3단계 – 동작을 보고 추측하는 Guessing Game : 교사는

노란 머리에 빨간 스웨터를 입은 외국 여자 사진을 보여주고 칠판에 다음 내용을 판서한 후 문장을 이끌어낸다.

What does she(he, it) look like?
– She(He, It) looks like…
– She(He, It) has…
– She(He) is wearing…

이제 학생들에게 이 표현을 익히게 하려고 'Guessing Game'을 한다. 문장을 몸짓으로 표현하고 맞히는 활동이다. 각 모둠 대표 한 명씩이 앞으로 나오면, 교사는 영어 문장을 보여준다. 대표들은 자기 모둠으로 가서 그 문장을 몸짓으로 표현한다. 학생들은 영어로 질문하고 추리해 문장을 알아낸 후, 정확한 문장을 말한다.

4. 말하기 4단계 – 문장을 익히는 Pass the Parcel : 여러 겹으로 포장된 봉투를 돌리면서 오늘 배운 표현을 익히는 활동이다. 음악과 함께 봉투를 돌리면 음악이 멈출 때 봉투를 쥔 사람이 봉투 안에 들어 있는 그림과 미션이 적힌 문장을 보고, 오늘 배운 구문을 이용해 문장을 완성해 말한다. 이를 통해 문법적으로 정확한 표현을 익히는 데도 도움을 준다.

〈STEP 3〉 말하기 후 점검 학습

1. 새로운 단어, 문장 익히기 : 교과서 본문에 나오는 내용과 관련된 영화나 사진을 보여주면서 새로운 단어나 문장을 익히게 한다.

2. 단계별 Reading으로 내용 정리하기 : Reading으로 오늘 배운 내용을 정리한다.

   - Reading 1단계 : 오늘 배운 단어와 문장을 그림과 함께 줄긋기로 연결한다.

   - Reading 2단계 : 활동지의 독해문을 빠르게 읽고, 각 단락의 주제를 쓴다. 독해문에는 단락마다 주제 부분이 비어 있다.

   - Reading 3단계 : 교사는 오늘 나온 독해문을 정리해주고, 학생들 스스로 점검하게 한다.

3. 나만의 애완동물 묘사하기 : 교사는 활동지를 통해 학생들이 나만의 애완동물을 그린 후, 영어 질문에 답을 쓰게 한다. 활동지에는 그림 그리는 부분이 있고, 오른쪽에는 'How old is it?', 'What does it look like?', 'What is its favorite food?', 'What does it like doing?' 등의 영어 질문이 적혀 있다. 학생들은 원하는 그림을 그린 후 질문에 답해야 한다.

   그리고 한 친구가 완성된 활동지를 들고 전체 학생들과 질문, 대답을 반복하면서 그 친구가 그린 동물이 무엇인지 알아맞히는 게임을 한다. 질문에 대한 대답과 질문을 반복하면서 학생들은 앞서 배웠던 사실 묘사하기, 생김새 묘사하기 등을 아우를 수 있다.

다음은 신선여자고등학교 문세희 선생님의 수업 사례로, 단어 공부와 제시문 해석을 할 때 친구 가르치기 활동을 한다.

학습목표

1. 주어진 지문에 관한 문제들에 답할 수 있다.
2. 두 개의 중요 어휘 optimistic, pessimistic을 자신의 언어로 설명할 수 있다.

수업 절차

1. 동기 유발 : 주제와 관련한 유튜브를 시청한다.
2. 주제문 찾기 : 제시문을 훑어 읽으면서 주제문을 찾는다.
3. 단어 공부 : 교사는 활동지에 제시문 독해를 위해 필요한 단어를 제시하고, 학생들은 다음 순서로 단어를 익힌다.
   - 개별 활동 : 스스로 빈칸 채우기
   - 짝 활동 : 짝에게 모르는 단어 묻고 채우기
   - 모둠 활동 : 모둠에서 묻고 채우기
   - 쉬우르 : 교사가 PPT로 전체 단어 띄우고 확인하기, 새로운 단어 및 어려운 단어 추가로 정리하기
4. 협력 학습 : 주어진 학습지의 질문에 답하는 활동을 협력 학습으로 진행한다.

5. 발표 : 모둠별로 본문에 근거해 파악한 optimistic과 pessimistic 을 자기의 말로 설명한 문장을 자석 화이트보드에 적고 칠판 에 붙여서 조별 발표하고 비교한다. 마지막에 교사가 의미를 정리하고 부족한 부분을 설명한다.

통합사회
행복과 물질의 관계 토론하기

통합사회 1단원인 '인간, 사회, 환경과 행복'에 나오는 내용을 순차적으로 진행했으며, 매 차시 학습목표에 맞는 다양한 하브루 타를 적용했다. 그중 '행복한 삶을 실현하기 위한 조건' 단원에서 '부유한 국가일수록 더 행복하다'는 논제로 근거 만들기 하브루 타, 전체 토론, 논술 과정 중심 평가를 실시했다.

백워드 수업설계로 먼저 논술 과정 중심 평가를 계획했다. 논 술 전, 근거 만들기 하브루타를 통해 다양한 시각과 근거가 있음 을 알게 하고, 전체 토론 수업에서 자기 입장과 근거를 수립하도 록 설계했다. 이후 톨민의 글쓰기 6단 논법을 설명한 후, 그 형식 에 맞게 논술을 쓰도록 했다. 수업 절차는 다음과 같다.

'인간, 사회, 환경과 행복' 수업 절차

내용	활동	평가
커피로 살펴보는 다양한 관점	질문 만들기 하브루타	활동지
통합적 관점으로 살핀 기후 변화	질문 만들기 하브루타	활동지
행복의 기준에 관한 비교와 평가	비교하기 하브루타	활동지
동서양의 행복론	친구 가르치기, 마인드맵 하브루타	활동지
전통 사회와 현대 사회의 정주 환경	비교하기 하브루타	활동지
행복의 조건 : 물질과 행복	근거 만들기 하브루타	활동지
부유한 국가일수록 더 행복하다	전체 토론	활동지
톨민의 6단 논법으로 논술 쓰기	과정 중심 평가	원고지
대동사회와 유토피아 공통점	비교하기 하브루타	활동지
단원 정리	문제 만들기 하브루타	백지

〈1차시〉 근거 만들기 하브루타

근거 만들기 하브루타는 전체 토론을 위한 준비 단계이며, 이후 찬반 입론자를 3명씩 미리 선정해 전체 토론을 준비한다. 다음과 같은 순서로 활동이 이루어진다.

- 개별 활동 : 개인별로 찬성과 반대 근거 2가지를 각각 만든다.
- 짝 토론 : 근거를 설명하고, 나은 근거를 찬반 1가지 선택한다.
- 모둠 토론 : 최고의 찬반 근거를 1가지 선택한 후, 칠판에 적는다.
- 최종 입장 : 판서된 근거를 보면서 최종 입장과 근거를 선택한다.

근거 만들기 하브루타 활동지 예시

		논제 : 부유한 국가일수록 더 행복하다
개별 활동	찬	1. 돈이 많으면 선택의 폭이 넓어진다. 2. 자신에 대해 더 많이 투자할 수 있고, 원하는 것을 살 수 있다.
	반	1. 소득이 일정 수준에 도달하면 기본 욕구가 충족되어 더 이상 행복 에 영향을 미치지 않는다. 2. 돈을 많이 번다는 것은 그만큼 희생을 요구한다.
짝 활동	찬	돈이 많으면 기회가 많아지므로 선택의 폭이 넓다.
	반	소득이 늘수록 욕심도 커지기 때문에 결국 행복감을 느끼지 못한다.
모둠 활동	찬	돈이 많으면 기회가 많아지므로 선택의 폭이 넓다.
	반	소득이 일정 수준에 도달하면 기본 욕구가 충족되어 더 이상 행복에 영향을 미치지 않는다.

〈2차시〉 전체 토론

전체 토론에서 모둠별로 같은 근거가 중복되지 않도록 미리 입론자끼리 협의하게 한다. 전체 토론 절차는 다음과 같다.

- 입론자 발표 : 찬성 3명, 반대 3명이 순서대로 입론 발표를 한 후 근거를 판서하게 한다.
- 반론 토의 : 판서된 근거를 보고 모둠별로 반론할 내용을 토의하게 한다. 고른 역할 분담을 위해 모둠별 반론자는 입론자를 제외하고 선정한다.
- 반론 및 재반박 : 반대편이 먼저 반론한다. 이후 찬성 측의 재

| 입론 발표 | 반론 토의 |

| 반론 | 재반박 |

전체 토론 모습

반박이 이어지며 본격적인 토론이 전개된다. 반론 순서는 다음 그림과 같다.

	교탁	
찬성		반대
2		1
4		3
6		5

- 자신의 입장 적기 : 전체 토론 이후 자신의 최종 입장과 근거를 활동지에 적는다.

전체 토론 과정에서 학생들은 다음과 같은 활동지를 작성한다. 활동지는 과정 중심 평가에 반영되며, 직접 자기 의사를 발표하지 않은 학생들도 끝까지 친구들의 토론에 경청하게 하는 역할을 한다.

찬반 토론 활동지 예시

	반 번 이름	
논제	부유한 국가일수록 더 행복하다	
찬성 입론	1. 국민에게 제공되는 복지 정책이 다양해진다. 2. 삶의 선택권이 많아진다. 3. 욕구 충족을 통한 삶의 질이 높아진다.	
반대 입론	1. 기본 욕구가 충족되면 소득이 행복에 비례하지 않는다. 2. 진정한 행복은 물질이 아닌 정신에서 비롯된다. 3. 끝없는 욕망은 인간을 불행하게 한다.	
찬성 반론	1. 선진국에도 빈부 격차로 인한 상대적 박탈감이 크다. 2. 물질에 대한 욕망은 끝이 없다.	〈재반박〉 1. 그래도 선진국에서는 기본적으로 인간다운 삶이 가능하다. 2. 기본적 욕구가 해결되지 않는 것보다는 더 낫다.
반대 반론	1. 아프리카의 가난한 나라 사람들은 행복하지 않다. 2. 정신적 행복에는 한계가 있다.	〈재반박〉 1. 부탄의 경우는 낮은 경제력에도 행복하다. 2. 물질로 인해 정신적 스트레스를 받는 경우도 많다.

| 최종
입장 | 〈반대〉
근거 1 : 소득이 행복에 미치는 영향에는 한계가 있다.
근거 2 : 정신적 행복이 더 중요하다.
예상 반론 : 부유한 국가의 복지 정책
재반박 : 부탄과 우리나라의 사례 등 |

전체 토론 후 학생들은 다음과 같은 자기 평가지를 제출하고, 교사는 이를 세부능력 및 특기 사항에 반영한다.

토론 자기 평가지

구분	점검 요소	평점		
		상 3	중 2	하 1
토론 과정	자신의 주장을 명확히 제시했는가?			
	주장의 근거가 논리적인가?			
	상대 주장에 대한 반론이 타당했는가?			
	반론에 대해 효과적인 재반박을 했는가?			
토론 태도	모둠원들과 협의를 잘했는가?			
	성실하게 토론에 참여했는가?			
	상대의 의견에 경청했는가?			
	토론의 규칙과 예절을 지켰는가?			
총 점				점

1. 모둠 토론에서 자신이 한 역할(입론자, 반론자, 재반박 등)과 그 내용을 적으시오.

2. 토론에서 가장 칭찬할 모둠원과 그 이유를 적으시오.

3. 전체 토론에서 가장 칭찬할 친구와 그 이유를 적으시오.

4. 토론을 통해 배우고 느낀 점을 적으시오.

전체 토론 이후 수업 소감은 다음과 같다.

▶ 친구들과 하브루타를 하면서 낸 다양한 의견과 근거로 찬반 토론을 한 것은 나름 말을 잘한다고 생각한 나를 얼어붙게 했다. 내가 가지고 있던 근거들을 요리조리 피해서 반론을 하는 상대편과 다시 재반박을 하는 과정이 참으로 흥미진진했다. 나와 반대 생각을 하는 친구 의견이 이해되었다는 점은 찬반 토론을 통해 얻은 가장 큰 수확이다. 항상 한쪽만 생각하는 것이 아닌 양측을 수용해야 한다는 의미이니까 말이다. 찬반 토론으로 나와 생각이 다른 사람들과 이야기를 나누면서 내 생각의 세계를 넓힐 수 있었다.

〈3차시〉 논술 과정 중심 평가

마지막으로 '부유한 국가일수록 더 행복하다'를 논제로 논술 과정 중심 평가를 한다. 논술을 쓰기 전 다음의 '톨민의 글쓰기 6단 논법'에 대해 안내한 후, 그 형식에 맞게 쓰도록 지도한다. 실제 수업에서는 6단계를 제외하고, 5단계를 예상 반론, 6단계를 재반박으로 구성하도록 지도한다.

- 1단계 안건 : 논제의 배경 요약 설명, 찬반 주장 요약 대비
- 2단계 결론 : 찬성 혹은 반대 입장 제시
- 3단계 이유 : 결론에 이르게 된 이유를 요약해 제시
- 4단계 설명 : 구체적 설명으로 통계, 구체적 사례 등 포함

- 5단계 반론 꺾기 : 상대 의견에 대한 예상 반론 및 재반박
- 6단계 예외 정리 : 이제까지 주장에 대한 예외 정리 후 자신의
  주장 공고화

PPT에 다음 내용을 적어주면 학생들이 쉽게 논술을 한다.

1. 안건 : 논제 배경, 문제 제기, 찬반 대비 요약 등
2. 결론 : '부유한 국가일수록 더 행복하다'에 찬성한다. 혹은 반대한다.
3. 이유 : 왜냐하면 _____ 때문이다. (1문장, 1~2줄)
4. 설명 : 이유에 대한 구체적 설명(2~5문장)
         교과서 내용 활용 가능(문장 통째로 베끼는 것은 감점)
         하브루타를 통해 친구들과 나눈 생각, 구체적 사례 등
5. 예상 반론 : 상대 근거의 핵심을 1문장으로 요약(혹지는~_____)
6. 재반박 : 예상 반론에 대한 반박. 가능한 구체적으로 적기

안내한 논술 형식에 맞춰 학생이 작성한 논술을 소개한다.

최근 우리의 경제적 삶은 과거에 비해 풍족해졌다. 하지만 물질적 풍
요가 행복을 보장하는가에 대해서는 논란이 있다. 이에 스티븐슨과 울
퍼스는 국가가 부유해질수록 국민의 행복 수준은 더 높아지며 돈이
행복에 무한한 영향을 미친다고 주장했다. 반면, 이스털린은 기본적
욕구가 충족되면 더 이상 소득이 행복에 영향을 미치지 않는다는 논
리를 편다. 나는 다음과 같은 이유로 부유한 국가일수록 더 행복하다
에 반대한다.

첫째, 소득이 행복에 미치는 영향에는 한계가 있기 때문이다. 이스털
린의 역설에 따르면 일정 수준의 기본적 욕구가 충족되면 소득이 증

가해도 행복에는 큰 영향을 미치지 않는다. 실제 수업 시간에 동영상으로 본 미국의 행복도 통계를 보면 1940~1950년대까지는 소득에 따라 행복도가 증가했지만, 그 이후에는 경제 성장에도 불구하고 행복도는 오히려 떨어짐을 볼 수 있다.

둘째, 물질적 풍요가 정신적 행복을 가져오지 않기 때문이다. 어느 외국인 사업가의 사례가 있다. 그는 사업으로 많은 돈을 벌었지만 큰 병이 났다. 돈으로 온갖 치료를 했지만 병을 고치지 못했고, 결국 죽음을 예감한 그는 전 재산을 기부했다. 그 후 병은 서서히 나았고 진정한 행복을 깨달았다고 한다. 그는 물질적인 것으로 행복을 채우지 못하며, 정신이 안정되고 행복할 때가 진정한 행복이라고 말했다.

혹자는 부유한 국가의 복지 정책을 이유로 반박할 수 있다. 하지만 부탄의 경우는 물질 소득이 높지 않지만, 종교와 공동체 의식 등으로 행복도가 높다. 우리나라도 경제 규모는 세계 10위권에 가깝지만, 행복도는 훨씬 떨어진다. 또한 선진국에서도 여전히 빈부 격차로 인한 상대적 박탈감은 행복도를 저하시킨다. 이를 통해 부유한 국가일수록 더 행복하다는 것은 사실이 아님을 알 수 있다.

톨민의 글쓰기 형식에 대한 논술 소감은 다음과 같다.

▶ 평소 글쓰기에 대해 막연한 두려움이 있었다. 하지만 톨민의 글쓰기 6단 논법에 따라 글을 쓰는 것은 어렵지 않았다. 마치 수학 공식에 따라 숫자를 대입하면 문제가 술술 풀리듯이, 6단 논법의 각 절차에 따라 생각을 대입하니 저절로 한 편의 논술문이 완성되었다. 특히, 근

거 만들기와 전체 토론을 한 후 논술을 하니 더 넓은 시각으로 논제를 바라볼 수 있었다. 그리고 나의 주장을 적절한 근거와 함께 피력하는 연습을 할 수 있어 논리력 향상에 도움이 된 것 같다. 앞으로도 친구들과 토론 후에 내 생각을 정리해봄으로써 더 거시적인 관점으로 세상을 바라보도록 노력해야겠다고 다짐했다.

생활과 윤리
낙태 문제 찬반 토론하기

생활과 윤리 교과 2단원 '낙태의 윤리적 쟁점'과 관련한 수업 사례이다. 필자는 20년 이상 일반계 고등학교에서 인문반 윤리를 가르치다가 처음으로 자연반 수업을 하게 되었다. 어떻게 학생들의 집중력을 유지하면서 유용한 수업을 할까 고민하다가, 진도 위주의 수업이 아닌 주제 중심 수업을 하기로 했다. 문과와 이과를 아우르는 통합적 요소이면서, 면접 등에 자주 등장하는 사형제도, 안락사, 낙태, 환경과 윤리를 주제로 선정했다. 교육과정을 재구성했으며, 이중 낙태와 관련한 수업 절차는 오른쪽 표와 같다.

〈1차시〉 다큐멘터리 보고 질문 만들기

1차시에는 문화평론가인 박상미 작가가 연출한 다큐멘터리 〈낙태〉를 보여주었다(방영 시간 24분). 낙태 반대 의사와의 인터뷰 장

차시	내용	수업 내용(학생 활동)	평가
1차시	다큐 감상	다큐멘터리 〈낙태〉 보고 질문 만들기	활동지
2차시	요약하기	낙태 찬반 관련 자료 읽고 요약	활동지
3차시	하브루타	근거 만들기 하브루타	활동지
4차시	전체 토론	프로초이스 vs 프로라이프 가치수직선에 입장 적기	활동지
5차시	모둠 활동	바람직한 피임 방법	전지
6차시	모둠 발표	모둠별 발표	전지
7차시	논술 쓰기	툴민의 6단 논법으로 논술	원고지

면이 등장한다. 이외에도 낙태와 관련한 영화로는 〈더 월(If These Walls Could Talk)1996〉을 활용할 수 있다. 옴니버스 영화로 3편이 있는데 필자는 1996년 편을 수업에 활용한다(방영 시간 37분). 다큐멘터리를 본 후 질문 만들기 활동을 한다.

〈2차시〉 자료 읽고 요약하기

2차시에는 김민철의 《포르노를 허(許)하라》라는 책을 활용했다. 이 책은 군 가산점제, 존엄사, 낙태 등 사회 이슈가 되는 몇 개의 주제에 대해 작가의 다양한 관점을 제시하고 있다. 5장 '프로라이프와 낙태 논쟁' 편을 일부 편집해 학생들에게 읽게 한 후 각 입장을 200자 내외로 요약하게 했다. 이는 교과서나 시사 자료를 읽고 질문 만들기, 교과서 요약하기 등으로 대체할 수 있다.

〈3차시〉근거 만들기 하브루타

3차시는 근거 만들기 하브루타를 한다. 이를 통해 낙태 찬반의 다양한 근거를 이해하게 한다. '개별 활동–짝 활동–모둠 활동'의 과정을 거치면서 다양한 근거를 만들고 이에 관해 설명과 논쟁의 과정을 거쳐 근거의 수준을 높인다. 모둠별 최종 근거를 보면서 자신의 입장과 근거를 선택한다. 이후 다음 차시 찬반 토론을 위해 입론자를 정한다.

〈4차시〉전체 토론과 가치수직선

4차시는 '프로초이스 vs 프로라이프'의 전체 토론이다. 절차는 '통합사회'의 토론 절차와 같다(205~207쪽 참고). 토론 후 학생들에게 포스트잇을 나눠준 다음 각각의 찬반 근거를 적게 한 후 교실 게시판에 가치수직선을 만들어 자기 입장에 해당하는 위치에 붙이게 한다. 자기 입장을 강한 찬성, 강한 반대, 또는 어느 적절한 지점에 표현하게 함으로써 자신뿐 아니라 다양한 입장이 존재함을 알게 된다.

〈5, 6차시〉모둠별 피임 방법 자료 만들기와 발표

5차시에는 모둠별로 가장 바람직한 피임 방법을 소개하는 자료를 만든다. 전지와 색 사인펜을 모둠별로 배부한다. 스마트폰을 활용해 다양한 피임 방법을 검색하게 한 다음 특징, 장단점 등을 조사한 후 가장 바람직하다고 생각하는 피임법 두 가지를 적게 한다. 6차시는 모둠별로 만든 발표 자료를 칠판에 부착한 후 발표하게 한다.

피임 방법 발표 자료 만들기   피임 방법 모둠별 발표

〈7차시〉 논술 쓰기

이제까지의 활동을 중심으로 자기 입장을 논술하게 한다. 209~210쪽에 소개한 톨민의 글쓰기 논법에 따라 작성하게 한다. 학생들의 활동은 세부능력 및 특기 사항에 다음과 같은 순으로 기록된다.

① 수업 소개 및 논술 : 하브루타, 발표, 논술 내용 등
② 토론 활동 : 적극성, 토론 준비, 지식 확장을 위한 탐구 내용 등
③ 배우고 느낀 점 : 진로 관련 내용 기록

① 낙태에 대한 다큐멘터리 감상, 하브루타, 피임법 모둠 발표, 논술 쓰기를 한 후 프로라이프 입장에서 논술문을 작성함. 톨민의 글쓰기 단계에 따라 생명의 존엄성, 생명 경시 풍조를 근거로 제시함. 칸트와 공리주의를 통해 일상의 선택에서 중요한 판단 원리를 알게 되었으며, 문제 해결 과정에서 다양한 시각으로 바라보게 됨. ② 낙태 찬반 토론

에서 낙태 반대 입론을 맡아 적극적으로 자신의 주장을 했으며, 반론에 대한 재반박에도 충분한 근거를 가지고 상대를 설득하는 자세를 보임. 토론 준비를 위해 국내외 법을 조사했으며, 종교 등의 요인이 낙태 제도에 영향을 미쳤는지를 탐구함. ③ 수업을 통해 안락사나 낙태와 같은 일들이 현실적 상황에 부딪힐 때 의사 결정에서 이들 사상을 통해 극복을 할 수 있을 것 같다는 생각을 함. 다양한 철학 사상들이 삶과 별개가 아님을 배웠고, 과학자가 진로 관심인 학생으로 과학자의 윤리성과 책임 윤리에 대해 깨달음. 학기 수업 후 급우들을 대상으로 칭찬하고 싶은 친구를 쓰라는 설문에 매사에 성실한 태도와 발표력, 수업 준비성 등으로 가장 많은 급우의 칭찬을 받음.

① 낙태 수업에서 처음에는 찬성하는 입장이었지만 영상을 보고 토론을 하면서 생명에 대해 다시 생각하며, 생명을 소중히 여기는 간호사가 되어야겠다는 생각을 함. ② 처음에는 토론을 어색해하는 표정이 있었지만, 점차 상대방의 말에 귀 기울이고 자기 생각을 말하면서, 나중에는 자기 주장과 상대에 대해 반박하기 위해 노력함. 이후 생명의 연속성을 근거로 프로라이프의 입장에서 논술함. ③ 하브루타 수업으로 토론 전에 항상 질문을 만드는 과정에서 정답을 찾는 것보다 질문하는 것이 더 중요함을 깨달음. 그 후 왜 간호사가 되고 싶은가를 스스로 질문하면서 단지 안정적인 직업이 아닌 생명을 살리고 환자들에게 행복을 주는 사람이 되고 싶어서라는 생각을 하고, 간호사라는 꿈을 확고히 다지게 됨.

하브루타로
교과수업을
디자인하다

한국사
삼국 통일 논쟁하기

과거 역사 과목은 암기 과목이었다. 왕의 이름과 사건 연도를 외우고, 사건이 일어난 순서를 맞히는 문제가 시험에 자주 나왔다. 이러한 사실과 지식 위주의 역사는 현재와 단절되어 있다. 역사적 사실을 소재로 한 걸음 나아가 질문하고 토론할 때 역사가 현재의 삶과 연결될 수 있다. EBS 한국사 대표 강사 최태성은 "역사를 공부할 때는 무엇보다 '왜'라고 묻고, 그 시대 사람들과 가슴으로 대화하며 답을 찾아야 한다"라고 말한다.

역사학자 유발 하라리도 세계적 베스트셀러 《사피엔스》에서 '역사에 정의는 과연 존재하는가?', '역사가 전개됨에 따라 사람들은 과거보다 더 행복해졌는가?'를 질문하고 있다. 역사에 질문할 때 과거를 통해 현재를 성찰하고 비판력을 키울 수 있다. 또한 위대한 역사는 내면화할 수 있고, 부끄러운 역사는 반성할 수 있다.

《'말하는' 역사 하브루타》의 저자 양동일, 이성준은 "역사는 과거에 벌어진 사건의 나열이 아니라 나와 우리의 이야기이며, 현재의 삶과 단절되지 않고 연결되어야 한다"고 주장한다. 그들은 유대인의 강한 민족 정체성을 고난과 아픔의 역사교육에서 찾는다. 그리고 역사교육에서 질문의 중요성을 강조한다. 또한 그들은 국내외 우리 조상들의 역사 발자취가 담긴 곳을 찾아다니며, 역사 답사 하브루타를 하고 있다. 그중 세계에서 가장 오래된 금속활자 책인 《직지》를 찍어낸 청주 흥덕사를 답사하고 만든 질문을 소개한다. 《직지》는 현재 프랑스 국립도서관에 소장되어 있으며, 2001년 유네스코 문화유산으로 등록되어 우리 정부가 오래전부터 반환을 요청하고 있다.

- 우리나라는 왜 활자 인쇄가 다른 나라보다 발전했는가?
- 목판 활자와 금속 활자는 어떻게 다른가?
- 금속 활자를 발전시킨 원동력은 무엇일까?
- 독일에서 구텐베르크 금속 활자가 개발된 이유가 무엇일까?
- 구텐베르크 금속 활자를 통해 성서가 급속하게 보급되었다고 한다. 금속 활자 발달과 종교 보급은 어떤 관계가 있는가?
- 우리나라에서는 목판 활자와 금속 활자로 불교 경전과 서적들을 펴냈는가?
- 우리는 금속 활자를 이용해 얼마나 종교교육을 발전시켰는가?
- 현대 활자 문화와 인쇄 기술을 통해 우리는 무엇을 발전시켜야 할까?
- 왜 한국의 유네스코 세계문화유산이 프랑스 국립도서관에 보관되어 있는가?
- 프랑스는 왜 한국의 요청에도 《직지》를 반환하지 않는가?
- 《직지》를 반환받기 위해 우리는 어떤 노력을 기울여야 하는가?

다음은 평소 거꾸로 수업을 기반으로 한 협동 수업을 진행하는

하브루타로
교과수업을
디자인하다

신정고등학교 최고은 선생님의 사례이다. 하브루타는 한국사 속에서 논쟁적인 주제로 토론할 때 사용한다. 먼저 짝 토론을 통해 1차적인 의견 정리를 하고, 모둠 토론에서 2차적인 의견을 정리 후 모둠별 발표를 한다. 발표 때는 질문과 응답 시간이 주어지게 된다. 이러한 토론, 발표, 경청, 질문 등의 과정을 통해 최종적으로 자신의 생각을 정리한다. '삼국 통일 방식'을 주제로 논쟁 중심 하브루타 수업을 진행했다.

학습목표

1. 삼국 통일 과정을 설명할 수 있다.
2. 삼국 통일 방식에 대한 의견을 정리해 발표할 수 있다.

수업 절차

1. 기초 쌓기 : 디딤 영상 시청 후 삼국 통일 과정에 대한 모둠별 릴레이 쓰기 활동을 통해 삼국 통일의 흐름과 과정에 대해 이해한다.
2. 자료 읽기 : 삼국 통일 방식에 관련된 사료 및 읽기 자료를 통해 중심 논제를 이해한다.
3. 하브루타 : '나·당 연합을 통한 삼국 통일은 적절한 선택이다'에 대한 찬반 입장을 논쟁 중심 짝 토론을 거쳐 정하고, 주장과 근거를 구체화한다. 다시 4명의 모둠에서 동일한 방식으로 논쟁 중심 하브루타를 진행한다.

4. **발표** : 모둠별로 하브루타 의견을 정리해 입장, 주장, 근거를 판서한다. 모둠원들이 나와서 발표와 질의·응답을 한다.

5. **최종 입장** : 토론의 쟁점에 대한 자신의 최종 의견을 정리한다.

6. **심화 활동** : 삼국 통일 과정에서 국가나 인물 간 협력과 경쟁 사례 각각 1가지 이상 찾는다. 모둠별로 가장 좋은 사례를 토론해 정하고 요약해 적는다. 모둠별로 발표하고, 다른 모둠의 사례 발표 내용을 요약해 정리한다.

활동지

• 논제 : 나·당 연합을 통한 삼국 통일은 적절한 선택이었다

· 내 입장 :	· 모둠 입장 :
· 주장 :	· 주장 :
· 근거 :	· 근거 :

다른 모둠 의견 정리

신라의 삼국 통일의 의의 및 한계 :

---

1. 위의 상황에서 대립되는 쟁점은 무엇인가요?

2. 나라면 어떤 방식으로 삼국을 통일하고자 했을까요?

3. 삼국 통일 과정에서 가장 중요한 역할을 한 인물은 누구라고 생각하나요? 그 이유는?

• 심화 활동 : 삼국 통일의 과정에서 협력과 경쟁의 사례 찾기

1. 내가 찾은 협력의 사례 :

2. 내가 찾은 경쟁의 사례 :

3. 우리 모둠에서 찾은 가장 좋은 사례를 요약해 적어보세요.

협력 사례	경쟁 사례

4. 다른 모둠의 사례 발표 내용 요약하기

협력 사례	경쟁 사례

1. 공동체의 형성과 유지에 있어서 협력과 경쟁 중 무엇이 더 중요한가? 그 근거는?

2. 토론 및 사례 찾기 수업을 통해 느낀 점

3. 활동을 하면서 생긴 질문 적기

사회문화
보고서로 질문 만들기[4]

교육은 교사의 질을 넘지 못한다는 책무성 강한 명제 아래 각종 연수를 부지런히 쫓아다니며, '어떻게 하면 잘 가르칠 수 있을까?'를 고민하면서 수업 개선을 위해 부단히도 애를 써왔다. 그러나 순간순간의 수업은 발전되어왔을지 모르겠지만 교사 중심의 수업에서 상당수 아이들은 여전히 입을 다물고 있고 수동적인 자세를 보이는 등 전체적인 틀은 거의 변화가 없다.

근본적인 이유는 무엇일까? 진도 나가기, 과도한 반복 학습, 정답 찾기, 주지 교과 중심의 지식교육 등으로 '배움의 즐거움'보다 '배워야 할 지식'이 지나치게 많은 우리 학교교육의 현실 속에서 아이들에게 배움의 즐거움과 행복을 줄 수 있는 수업은 무엇인가?

가르침의 입장과 배움의 입장은 같지 않다. 그럼에도 교사 입장에서 어떻게 하면 내용을 잘 전달할 것인가에 대한 고민이 먼저였다. 아이들에게 배움이 언제 가장 잘 일어나는가에 대한 고민이 부족하진 않는지, 늘 생각했다. 그렇게 해서 찾게 된 수업 방법이 바로 하브루타였다.

현재 인문계 고등학교 3학년 담임으로서 3학년 사회·문화 과목과 1학년 통합사회 과목을 지도하고 있다. 수업 시간에 고3 수

---

4. 사회문화 하브루타는 벌교고등학교 설운용 선생님의 원고를 그대로 실었음을 밝힌다.

험생들의 학습 지도를 하면 수업 진도에 대한 부담감과 수능 시험 성적 결과에 대한 부담감을 느끼게 된다. 이러한 상황 속에서 본교에서 추구하는 하브루타 학습법을 어떻게 적용하고 구체화해나가야 할 것인가에 대한 고민이 있었다. 매 시간 하브루타 형식으로 수업을 진행하는 것과 전형적인 하브루타 학습법을 적용하는 것에는 현실적인 어려움이 있다고 판단했다. 그래서 강의식 수업과 병행해 진행하되 하브루타 수업모형으로 접근하기 좋은 단원을 선정해 이를 수업에 적용한 결과 나름대로 만족할 만한 학습 효과를 거두고 있다. 하브루타 수업모형 중에서 주로 적용하고 있는 질문 만들기 하브루타 수업을 소개하겠다.

수업 단원
사회문화 : IV-4. 사회복지와 복지 제도

학습목표
〈베버리지 보고서〉를 통해 복지 국가의 의미를 설명할 수 있다.

※ 본문을 큰 소리로 읽고, 글의 제목 붙이기

제목 : _____

제2차 세계대전 후 영국 노동당이 사회 보장 제도의 완벽한 실시를 주장하며 내세운 슬로건이다. 출생에서 사망에 이르기까지 모든 국민의 최저 생활을 국가가 완벽한 사회 보장 제도를 통해 보장함으로써 국민 생활의 불안을 해소하겠다는 의미이다.

1. 질문 10개 이상 만들기(10분)

구분	질문 내용
내용 (의미, 사실 관계, 6하 원칙)	▪ ▪ ▪
상상 (왜?, 만약~?)	▪ ▪ ▪
적용 (나, 우리와의 관련성)	▪ ▪ ▪
실천 (시사, 교훈, 반성)	▪ ▪ ▪

2. 위의 질문 중 가장 잘 만든 질문을 하나씩 뽑아 짝과 토론하기(5분)

3. 짝 바꾸어 토론하기(5분)

하브루타로 교과수업을 디자인하다

4. 모둠 최고의 질문 선정 후 모둠 토론하기(5분+5분)

최고의 질문	
내 생각	
친구들 생각	

5. 모둠 최고의 질문 광고하기 및 학급 최고의 질문 선택하기(5분)

최고의 질문	

6. 쉬우르 및 소감 발표, 하브루타 수업 자기 평가하기(10분)

배우고 느낀 점	

번호	점검 내용	자기 평가		
1	잡담하지 않고 주제에 집중했는가?	☺	☺	☹
2	질문을 적극적으로 던졌는가?	☺	☺	☹
3	상대방을 바라보면서 하브루타를 했는가?	☺	☺	☹
4	전체 하브루타 때 참여했는가?	☺	☺	☹

한국지리
농업의 변화에 대해 토론하기

고등학교 2학년 한국지리 수업에서 헤츠키 아리엘리의 '하브루타 탈무드 러닝' 수업모형을 적용한 언양고등학교 박수영 선생님의 사례이다. 단원은 'Ⅴ. 생산과 소비 공간의 변화' 중 '2. 농업의 변화'로 오늘날 우리 사회에서 나타나는 농촌의 변화된 모습을 주제로 팀원 간 토론을 한다.

학습자는 파트너와 팀원이 되어 주제에 대해 찬성과 반대의 의견을 모두 제시하며, 각자의 의견을 서로 말하고 반박한다. 토론 과정에서 자신과 반대되는 의견을 경청하며 공유하는 과정을 통해 새로운 창의적 해결을 도모한다. 또한 새로운 아이디어를 얻는 사고력 확장과 세상을 살아가면서 가져야 할 바른 생각과 이를 위해 행동할 줄 아는 자세를 배울 수 있다.

성취기준
한지1252. 우리나라의 농업 구조 변화로 인해 발생하는 문제점을 설명하고, 이를 해결하기 위한 방안을 토론할 수 있다.

학습목표
우리나라의 농업 구조 변화로 나타나는 현상을 토론하고 문제점과 해결 방안에 대해 자신의 입장을 정리해 발표할 수 있다.

본 수업에서는 활동지 작성 단계에서는 4인 1모둠에서 2인 1팀 원의 2개 조로 편성해, 자료 검색과 활동지를 구성한 후 팀원 간 토론을 하는 방식으로 전개한다. 수업 전개는 다음과 같다.

수업 전개

단계	구분	세부 활동	시간
도입	전시 확인, 동기 유발	– 동기 유발 – 학습목표 제시 및 학습 방법 안내	5분
전개	두뇌 열기	– 4인 모둠을 토대로 2인 1조 팀 편성 – 주제 선정 및 활동지 배부	5분
	주제 이해	– 주제 소개 및 소리 내어 읽기 – 주제 분석하고 상호 이해하기	
	활동지 작성	– 자신의 찬성/반대 의견을 생각한다. – 찬반 의견을 활동지에 적는다.	5분
	하브루타	– 찬성/반대 결정 : 가위바위보 – 하브루타 1 (찬/반 토론하기) · 자기 입장을 명백히 밝힌다. (찬/반) · 자기 입장의 주장과 근거를 제시한다. · 상대방 주장에 대한 반론을 제시한다.	5분
		– 하브루타 2 (역할 바꾸기) · 자기 입장을 명백히 밝힌다. (찬/반) · 자기 입장의 주장과 근거를 제시한다. · 상대방 주장에 대한 반론을 제시한다.	5분
	상호 피드백 창의적 해결	– 하브루타 결과 찬/반 내용을 작성한다. – 합의해 창의적 해결 방안을 도출한다. – 합의 내용을 발표, 공유한다.	20분
정리	쉬우르	– 하브루타 활동 소감 나누기 – 차시 예고	5분

수업 지도안

단계	과정	교수-학습활동
도입	전시 확인 동기 유발	— 전시 학습 주요 용어 확인 : 도시 농업, 로컬푸드, 푸드마일리지, 농산물 직거래, 지리적 표시제, 장소 마케팅, 친환경 농업, 재래시장 등 — 본시 토론 내용과 관련된 영상 제시 : 미래의 농업, 식물 공장
	학습목표	— 본시 학습 내용을 인지하고 학습목표를 확인한다. 우리나라의 농업 구조 변화로 나타나는 현상에 대해 토론하고 문제점과 해결 방안에 대해 자신의 입장을 정리해 발표할 수 있다.
	학습 방법 안내	— 하브루타 학습 방법과 토론 주제를 안내한다. — 활동지를 배부한다.
전개 I	두뇌 열기	**2인 1조 팀원 구성 및 주제 이해 활동** — 모둠별 2인 1조씩 팀원 구성하기 — 학습지를 통한 토론 주제 선정 안내
		<table><tr><td colspan="2">하브루타 주제</td></tr><tr><td>1. 식물 공장</td><td>5. 재래시장의 활성화</td></tr><tr><td>2. 친환경 농업</td><td>6. 큰 볕 꿈 텃밭</td></tr><tr><td>3. 로컬푸드</td><td>7. 농산물 직거래</td></tr><tr><td>4. 지리적 표시제</td><td>8. 도시 농업</td></tr></table>
	주제 이해	— 모둠별 토론 주제를 정한다. — 2인 1조 팀원은 토론 주제를 소리 내어 읽고 분석한다. — 주제에 대해 상호 이해한다.
전개 II	활동지 작성	**팀원별 하브루타 활동지 작성하기**
		<table><tr><td colspan="2">하브루타 주제</td></tr><tr><td>1. 식물 공장</td><td>5. 재래시장의 활성화</td></tr><tr><td>2. 친환경 농업</td><td>6. 큰 볕 꿈 텃밭</td></tr><tr><td>3. 로컬푸드</td><td>7. 농산물 직거래</td></tr><tr><td>4. 지리적 표시제</td><td>8. 도시 농업</td></tr></table>

	하브루타 실시	– 토론 주제에 대한 개별 활동지를 작성한다. · 주제를 적고 찬성과 반대 의견을 모두 작성한다. · 가능한 많은 의견을 생각해 제시하도록 한다. · 태블릿 PC를 통한 자료 검색이 가능하도록 한다. **모둠별 2인 1조, 1:1 토론 하브루타 러닝 준비** – 모둠별 2인 1조 팀원 중 대표 1인이 토론의 찬성과 반대를 가위바위보로 결정한다. – 팀원은 토론자와 토론 지지자로 역할을 분담한다.
전개 II	하브루타1	**하브루타1 (찬/반 토론하기)** – 주제에 대한 자신의 찬반 입장을 명백히 밝힌다. – 자신의 입장에 대한 주장과 근거를 제시한다. – 상대방이 주장하는 것에 대한 반론을 제시한다.
	하브루타2	**하브루타2 (역할 바꾸기)** – 주제에 대한 자신의 찬반 입장을 명백히 밝힌다. – 자신의 입장에 대한 주장과 근거를 제시한다. – 상대방이 주장하는 것에 대한 반론을 제시한다.
	상호 피드백	**상호 피드백 (창의적 해결 도출)** – 하브루타 결과 찬성/반대의 내용을 정리한다. – 서로 합의하는 창의적 해결 방안을 도출한다. – 합의 내용을 발표하고 공유한다.
정리	정리	하브루타 활동에 대한 소감 나누기

하브루타 활동지

주제		현재와 미래 사회를 생각하면 (　　　　　　　　　　)는(은) 반드시 필요하다
성명		
자기 입장 정리	찬성	
	반대	

창의적 해결 (상호 피드백)	
하브루타 활동 소감	

과학
분자 운동 설명하기

과학 수업은 학생들의 과학적 탐구 능력을 키우는 것이 중요한 목적이다. 그렇다면 수업에서 정답의 틀에 갇히게 해서는 안 된다. 공부 내용에 질문하고, 마음껏 생각하고 탐구할 기회를 제공해야 한다. 교사 대상 연수에서 어느 과학 교사의 질문을 받았다. 과학은 정답이 있는 원리와 이론을 가르치는 수업인데 어떻게 하나의 정답이 아닌, 다양한 생각을 질문하는 하브루타를 적용할 수 있겠느냐를 물었다.

코페르니쿠스, 뉴턴, 아인슈타인 등 유명한 과학자들은 자연에 대한 호기심과 질문으로 과학의 지평을 넓혔다. 아인슈타인은 "만약, 한 시간 동안 문제를 해결해야 한다면 나는 55분을 핵심이 되는 질문을 찾고 결정하는 데 보낼 것이다. 그런 좋은 질문을 찾았다면 나머지 5분 안에 문제를 해결할 수 있을 것이다"라고 말

하브루타로
교과수업을
디자인하다

했다. 원리와 이론을 중시하는 과학에서도 정답을 찾는 과정에서 질문은 중요하다.

다음은 경기도 장안여자중학교 한은선 수석교사의 하브루타 수업 사례이다. 중학교 1학년 대상이며, 단원은 '6. 분자 운동과 상태 변화'에서 '분자 운동'이 주제이다. 교사의 수업 의도는 다음과 같다.

"개념 열기에서 학생이 직접 만든 프로젝트 학습을 발표해 동기 유발을 하고자 한다. 이 활동을 통해 발표 학생은 자신이 만든 내용을 다른 사람과 공유하는 사회적 실천 능력을 갖추게 되고, 듣는 학생은 교사가 들려주는 것과 다른 학습 경험을 갖게 된다. 분자와 분자 모형에 대해 교사가 설명하거나 질문을 제시하는 것이 아니라 학생이 직접 교과서를 분석하여 질문을 만들어보면서 자기 생각을 하게 한다. 또한 모둠에서 토론을 통해 가장 훌륭한 질문을 선정해보는 활동을 통해 협력적 문제 발견 능력과 자기주도 능력, 의사소통 능력, 민주 시민의식을 기르도록 한다. 실험을 통해 발견한 개념을 확실하게 다져보도록 한다."

성취기준

과9061. 증발 또는 확산이 일어나는 예를 들고, 분자가 운동하고 있음을 분자 모형을 이용하여 설명할 수 있다.

학습목표

분자가 운동하고 있음을 분자 모형을 이용하여 설명할 수 있다.

단계	학습 요소	교수-학습활동
도입 5분	전시 확인 동기 유발 학습목표 질문 만들기	· 전 시간 수업 내용 확인, 질문 5개, 퀴즈 · 간단한 만화 동영상 플래시 자료로 질문한다. · 초성 힌트로 질문 : 1. (ㅂㅈ)가 (ㅇㄷ)하고 있음을 (ㅂㅈㅁㅎ)을 이용해 설명할 수 있다. / 대답 · 학생이 질문 3개 만들기
전개 35분	개념 열기 질문 하브루타 개념 다지기	· 미니렉처 / 학생이 3분 프로젝트 학습 발표 / 퀴즈 · 과학 워크북(6-1-2) 배부 · 학생이 직접 질문을 만든 후 모둠 베스트 질문을 1개 선정해 모둠판에 적어서 칠판에 붙이면 그 베스트 질문을 과학 워크북에 적고 짝과 함께 하브루타 · [미니 탐구 : 온도에 따른 잉크의 확산의 변형 실험을 시범 실험 / 문제 풀며 개념 다지기
정리 5분	정리 평가	· 인터뷰 카드 / 단어 3개 만들어서 모둠원과 나누기 · 과학 워크북(6-1-2) 제출 후 채점해 다음 시간에 배부(피드백) · 학습 공헌자 쿠폰 부여

활동지

단 원	6. 분자 운동과 상태 변화		모둠		점수
	1. 분자의 운동 (2) 분자 운동				
1학년 ( )반 ( )번 ( )			날짜		

[전시 학습 확인](5개 중요 단어 적기)

1. 개별 활동 : 교과서 230~233쪽을 읽고 분자 운동에 대한 질문을 만들어보자.(단, 교과서에서 답을 찾을 수 있는 것으로 질문을 만든다.)

2. 모둠 활동 : 모둠 토론으로 가장 좋은 질문을 하나 골라 적어

보자.(Best 질문을 만든 이 꼭 적어주세요.)

3. 전체 활동 : 다른 모둠의 베스트 질문을 4문제만 **짝과 협의**

해 선정한 후 순서대로 짝과 똑같이 적고 짝과 함께 질문하

고 대화하면서 빈칸을 채워보세요. A를 맡은 학생이 먼저 홀

수 문항을 질문하고 B가 대답한 후, A도 자기 생각을 다르게

말해봅니다. 다음에는 B가 짝수 문항을 질문하고 A가 답을

하는 순으로 해보세요.

짝과 함께 큰 소리로 질문 읽기		대화(A :)	대화(B :)
A	1)		
B	2)		
A	3)		
B	4)		

4. 232쪽 [미니 탐구 : 온도에 따른 잉크의 확산]의 변형 실험을 읽어보고 답해보자.(시범 실험)

1) 두 개의 비커에 같은 양의 찬물과 더운물을 넣고, 같은 높이에서 같은 양의 잉크를 동시에 떨어뜨렸을 때 두 비커에서 어떤 현상이 일어나는지 비교하여 <u>잉크의 분자 모형을 비커 안에</u> 그려넣어 보자.

(제대로 그렸는지 선생님의 확인 서명(   )

찬물   더운물

2) 다르게 나타나는 까닭을 '분자'라는 용어를 넣어 설명해 보자.

3) 이 실험에 대한 설명으로 옳은 것만을 〈보기〉에서 모두 고른 것은?

<보 기>

ㄱ. 찬물에서 잉크가 더 빨리 퍼진다.
ㄴ. 물질의 증발 현상을 관찰하기 위한 실험이다.
ㄷ. 온도가 높아지면 분자의 운동 속도가 더 빨라진다.

① ㄱ ② ㄷ ③ ㄱ, ㄴ ④ ㄴ, ㄷ ⑤ ㄱ, ㄴ, ㄷ

4) 겨울철과 여름철 중 냄새가 더 빨리 퍼져 나가는 경우는
어느 때이고, 그 이유는?

5) [논술] 온도에 따른 확산과 관련된 생활의 예를 한 가지만
적어보자.

5. 그림은 증발 현상을 모형으로 나타낸 것이다. 옳지 않은 것은?

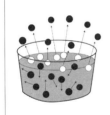

① 그릇 속에 있는 분자도 운동하고 있다.
② 분자가 스스로 움직이기 때문에 나타나는 현상이다.
③ 분자가 액체 표면과 내부에서 기체로 되어 날아간다.
④ 온도가 높을수록 기체로 되어 날아가는 속도가 빨라질 것
이다.
⑤ 그릇 입구의 표면적이 넓을수록 증발이 더 잘 일어날 것이다.

6. 증발과 확산의 공통점과 차이점을 '분자'라는 용어를 넣어 정
리해보자.

구 분	증발	확산
공통점		
차이점		

7. 냄새는 진공과 공기 중 어느 경우에 더 잘 퍼져 나갈까? 그 이유는?

8. [인터뷰 카드] 모둠의 친구들과 인터뷰를 해보자. 순서를 정해서 한 명씩 말하고, 먼저 말한 친구가 말하지 않은 내용을 말해서 서로 다른 내용이 되도록 한다.

"친구야, 이번 시간에 배운 내용 중에서 중요하다고 생각되는 단어를 3가지만 말해줘! 간단하게 내용을 말해도 좋아."

"그래, 친구야. 나는 이번 시간에 (,   ,   )을 알았단다."

어깨 짝 (친구 이름 :)	앞 또는 뒤 짝 (친구 이름 :)	대각선 짝 (친구 이름 :)

다음은 서생중학교 김주희 선생님의 중3 지구과학 과목에서의 비교 하브루타 수업 사례이다.

수업 지도안

단원		3-2. 태양계 가족 (2) 행성의 분류
학습 목표	교과	행성을 물리적 특징에 따라 분류하고 그 특징을 설명할 수 있다.
	창의·인성	모둠 활동을 통해 경청하는 자세와 배려, 의사소통 역량을 기를 수 있다.

핵심 역량	의사소통 역량 공동체 역량	수업 형태	비교 하브루타	평가 방법	관찰 평가, 동료 평가

단계	교수-학습 활동
생각 열기 (5분)	– 전시 학습 확인 : 태양계 행성들의 특징 – 동기부여 : 행성들끼리의 공통점과 차이점이 존재할까? – 학습목표 **태양계 행성을 물리적 특징에 따라 분류하고 그 특징을 설명할 수 있다.** – 비교 하브루타 방법 설명 : 오늘 할 내용과 짝 활동, 모둠 활동에 대해 설명한다.
비교 하브 루타 (30분)	① 자료 확인하기 : 제시한 자료를 근거로 혼자 행성을 특징에 따라 두 집단으로 구분할 방법을 고민한다. ② 짝과 함께 자료를 정리하기 : 짝과 함께 행성의 특징을 쉽게 파악할 수 있도록 행성들끼리의 공통점과 차이점을 분류한다. ③ 짝 토론 : 분류한 자료를 토대로 행성을 두 집단으로 분류할 방법에 대해 서로의 생각을 주고받으며 토론하고 정리한다. ④ 모둠 토론 : 모둠에서 토론해 행성을 두 집단으로 분류한다. 4명이 순서를 정해 토론한다. ⑤ 모둠별 발표 : 모둠별로 결과를 발표한다. 다른 모둠 학생들은 질문하거나, 자기 생각과 차이점, 공통점을 확인한다. ⑥ 쉬우르 : 교사가 모둠별 발표를 피드백한 후, 행성을 두 집단으로 나누는 기준에 대해 간단히 설명한다.
정리 하기 (10분)	– 동료 평가 : 동료 평가지를 작성한다. – 형성 평가 – 차시 예고

토론에 필요한 자료

구분	태양과의 평균 거리 (지구=1)	지름 (지구=1)	질량 (지구=1)	표면 중력 (지구=1)	평균 밀도	고리 유무	위성 수
수성	0.4	0.38	0.06	0.38	5.43	없음	−
금성	0.7	0.95	0.82	0.91	5.24	없음	−
지구	1.0	1.00	1.00	1.00	5.52	없음	1
화성	1.5	0.53	0.11	0.38	3.93	없음	2
목성	5.2	11.21	317.8	2.37	1.33	있음	수십 개
토성	9.6	9.45	95.2	0.93	0.69	있음	수십 개
천왕성	19.2	4.01	14.5	0.89	1.27	있음	수십 개
해왕성	30.1	3.88	17.2	1.11	1.64	있음	10여 개

출처 : 일본국립천문대, 〈이과연표〉, 제83권, 2010

동료 평가지

모둠 :	학번 :	이름 :

1. 가장 적극적으로 활동한 모둠원의 이름을 적으시오.

2. 자기 생각을 가장 논리적으로 발표한 모둠원의 이름을 적으시오.

3. 다른 모둠의 발표 중에서 가장 인상 깊었던 모둠과 이유를 적으시오.

4. 다른 모둠의 발표 중에서 아쉬웠던 부분이 있다면 적으시오.

음악
민요 가사 속 역사와 문화 이해하기

2016년 노벨 문학상에 미국의 대중음악 가수 밥 딜런이 선정되어 이슈가 되었다. 노벨상위원회는 "밥 딜런이 위대한 미국의 노래 전통 속에서 새로운 시적(詩的) 표현을 창조해왔다"라고 시상 이유를 밝혔다. 또한 고대 그리스의 《일리아드》와 《오디세이》를 쓴 호메로스에 비교하며, 시간을 초월한 그의 보편적 관심과 주제는 어느 시대, 어느 시인보다 더 큰 영향력을 주고 있으며, 그의 작품은 시로 옮겨놔도 완벽하다고 말했다. 실제 1960~70년대 많은 가수가 사랑과 이별을 노래할 때 〈Blowin' In The Wind〉와 같은 노래로 반전, 인권, 평등을 노래하며 팝계의 새로운 흐름을 주도했다. 그의 수상에 찬반 논란이 있었지만 노래 가사에 담긴 문학적 표현과 시대상의 반영에는 다른 이견이 없다.

웅촌중학교 이강현 선생님은 노래 가사에 담긴 시대상과 문화에 주목했고, 각 나라 민요의 가사에 담긴 문화와 정서를 이해하기 위해 하브루타를 실시했다. 질문 만들기 하브루타로 노랫말에 대한 배경을 이해한 후, 스토리텔링을 하고, 그림과 4컷 만화 등 다양한 방법으로 표현하는 활동을 했다. 본격적인 악곡을 학습하기 전, 노랫말로 질문 만들기를 하면서 그 나라의 역사와 문화적 배경을 이해하고, 이를 다양한 방법으로 표현하는 과정에서 창의력이 발휘되고 융합이 이루어진다. 수업 전개는 다음과 같다.

학습목표

1. 다양한 세계 민요를 듣고 역사·문화적 배경 속에서 음악의 특징을 설명할 수 있다.
2. 악곡의 특징을 살려 다양한 방법으로 표현할 수 있다.

수업 절차

1. 질문 만들기 하브루타 : 악곡의 가사를 읽게 한 후 질문 만들기를 한다. '개별 활동-짝 활동-모둠 활동-발표'의 순으로 실시한다. 이 활동을 통해 학생들이 가사 속에 담겨 있는 상황과 배경을 이해할 수 있도록 한다. 학생들은 악곡의 시공간적 배경뿐만 아니라 노랫말에 드러나는 사랑, 우정 등의 단어를 통해 철학적 물음을 던지거나, 자신의 경험에 빗댄 질문이나 실생활과 연관된 질문을 만들기도 한다.

2. 쉬우르 : 각 악곡의 원래 배경과 내용에 대해 설명하고 모둠별로 발표한 내용과 차이점을 말한다.

3. 스토리텔링 후 표현하기 : 각 악곡의 시공간적 배경과 연관 지어 앞 또는 뒤의 스토리를 만들어보고, 이를 하나의 그림 또는 4컷 만화로 표현한다. 학생들은 민요 속 상황을 바탕으로 앞뒤 상황을 스토리텔링하는 가운데 창의력을 발휘할 수 있다. 웹툰 작가나 일러스트레이터 등을 꿈꾸는 학생들의 실력이 돋보였다.

4. 민요 부르기 : 해당 민요를 배우며 함께 부른다.

하브루타로
교과수업을
디자인하다

5. 나라 소개 팸플릿 만들기 : 이 활동은 별도 차시에 실시한다. 4~5개의 민요를 배운 후 '나라 소개 팸플릿'을 만든다. 모둠별로 민요와 관련된 국가를 선택한 후 그 나라의 요리, 여행지, 문화, 정치, 사회, 역사, 인물 등에 대한 홍보 팸플릿을 만드는 것이다. 미리 활동을 예고해 관련 책을 도서실에서 빌리게 할 수도 있고, 휴대폰도 사용하게 한다.

6. 발표 및 질의응답 : 완성된 결과물을 모둠별로 발표한다. 모둠별로 1개의 질문을 하게 해 질의응답 시간을 갖는다.

7. 전시 : 팸플릿은 음악실 게시판에 전시한다.

　학생들은 '진짜 자신의 사랑을 영원히 기다릴 순 없나요?(뉴질랜드 〈연가〉)', '왜 아름다운 꽃을 친구에게 보낼까요?(중국 〈모리화〉)', '아리랑 고개를 왜 넘고 있나요?(한국 〈진도 아리랑〉)', '벚꽃의 향기가 보인다는 게 무슨 말일까요?(일본 〈사쿠라〉)', '왜 멕시코 사람들은 스스로를 바퀴벌레라고 불렀나요?(멕시코 〈라쿠카라차〉)' 등의 질문을 만들었다. 또한 노래 이해를 위한 질문뿐만 아니라, '재스민의 향기는 어떤가요?', '노랫말 속 바다는 어디에 있는 바다인가요?(태평양)', '문경새재는 얼마나 험준한가요?' 등 생활 속 궁금한 점을 질문하는 경우도 많았다. 이 활동을 통해 학생들은 세계 민요를 노래할 수 있을 뿐만 아니라 그들의 정서와 문화를 이해하고, 각 나라의 다양한 정보를 습득하게 된다.

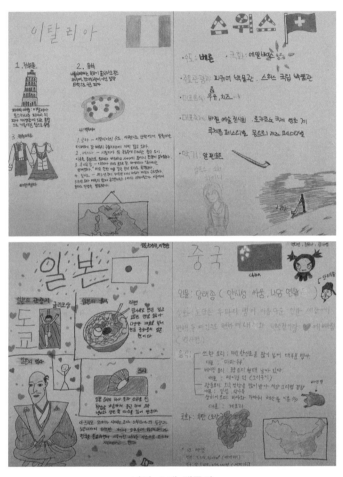

나라 소개 팸플릿

미술
추상 표현 작품 감상하기

KBS 〈대학, 교양에 길을 묻다〉에서는 예일대학교 의학과에서 26년 동안 최고 전공 과목으로 꼽히는 수업을 소개한다. '미술 비평' 수업으로 환자를 주의 깊게 관찰하는 능력을 키우기 위한 수업이다. 10분간 그림을 보고, 그림에 대한 설명과 질문을 반복하는 수업 방식으로 진행되는데, 학생들은 그림 속 인물들의 표정, 손과 동작, 자세 등을 관찰해 그들이 어떤 감정을 느끼고 있고, 또 서로 반응하고 있는지에 대해 대화를 나눈다. 자신들이 관찰한 바를 말하고, 질문하면서 그림을 분석한다. 이 수업으로 학생들의 관찰력이 눈에 띄게 높아졌다고 한다.

미술 수업에서 하브루타는 주로 작품 감상 후 질문 만들기 하브루타를 하고, 이후 느낀 점을 표현하거나 작품 이어가기 활동을 하는 것이 일반적이다. 질문을 만들기 위해서는 그림을 자세히 관찰해야 하며, 이는 깊이 있는 감상을 하게 한다. 또한 비교 하브루타로 고흐와 고갱의 작품 비교하기, 동양화와 서양화 비교하기 등을 할 수 있다. 친구 가르치기로 두 개의 다른 그림을 각자 조사한 후 서로 가르치는 방법도 있다.

황경숙 수석교사는 《질문과 이야기가 있는 행복한 교실》에서 감상 수업이 학생들의 미적 능력을 키워줄 수 있는 중요한 영역이며, 이를 위해 질문 수업을 강조한다. 작품에 질문하기가 작품 내용, 작가의 의도, 내 생각까지 찾는 미술 감상에 가장 적합한 수업 이라고 말한다. 황경숙 수석교사는 질문으로 자연스럽게 작품을 감상하기 위해 다음과 같은 방법을 제시한다.

1. 보이는 것이나 떠오르는 생각을 낱말로 적기 : 작품에 대한 느낌을 말하라고 하면 어려워한다. 따라서 천천히 관찰한 후 보이는 것이나 떠오르는 생각을 적게 한다. 이때 그림 제목을 알려주지 않는다. 자기 생각을 따라가기보다 제목에 맞춘 질문과 이야기로 풀어가려는 경향이 있기 때문이다.
2. 낱말로 문장 만들기 : 가볍게 찾은 단어로 문장을 만들면서 아이들은 어떤 외부적 정보 없이 자신의 눈으로 감상한 내용을 적게 된다.
3. 질문 하브루타 : 그림을 보고 찾은 단어들과 또 새롭게 보이는 것으로 질문을 5개 만들게 한다. 질문을 짝과 나누고, 선생님과 나눈다.
4. 그림에 제목 만들기 : 그림에 자신만의 제목을 만들고 이유를 말한다.
5. 정리 : 느낀 점을 글이나 그림으로 정리한다.
6. 쉬우르 : 교사는 화가의 생애나 그림의 배경을 설명한다.

다음은 황경숙 수석교사의 '추상 표현 작품 감상하기' 수업 사례이다. 이 수업은 작가와 그의 작품 세계를 이해함으로써 추상 작품을 보는 새로운 눈을 뜨게 하려는 의도로 설계했다. 이를 위해 학생들이 어렵게 생각하는 추상 표현 작품 감상에 질문 만들기 하브루타를 적용했다. 작가에 대한 이해와 그의 추상 표현 작품에 대해 감성을 건드리는 질문을 만들고, 짝 또는 모둠끼리 서로 묻고 대답하며 감상에 접근하는 수업 전략을 사용했다. 초등학교 3학년 대상이며, 단원은 '3. 상상의 세계로'이다. 수업 절차는 다음과 같다.

학습목표

1. 추상 표현 작품 감상을 통해 작가와 그의 작품 세계에 대해 알 수 있다.
2. 질문 만들기를 통해 작가와 그의 작품 세계에 대해 묻고 답할 수 있다.
3. 친구들과 협력해 짝 활동, 모둠 활동에 적극적으로 참여하려는 태도를 지닌다.

생각 열기(5분)

1. 동기 유발: 영상 자료[5]를 제시한 후 확인 질문한다.

  – 추상화를 어떻게 보라고 했나요?

  – 작가는 무어라고 말했나요?

---

5. media.daum.net/culture/art/newsview?newsid=20150412061107759
뉴스 1분 43초

－무슨 생각이 들었나요?

－더 알고 싶은 점은?

2. 학습 문제 파악하기 : 교사는 지금까지 활동으로 보아 오늘은
   무슨 공부를 하면 될지를 묻고, 학생들이 추상화, 추상 표현
   방법, 조형 요소 등의 미술 용어를 사용해 이야기를 나누게
   한다. 교사는 발표 내용 중에서 필요한 단어는 판서하며 마
   인드맵의 기초 자료로 활용한다.

3. 학습 문제 확인하기 : 공부할 문제를 확인한다. '추상 표현 작품
   은 어떻게 감상해야 할까?'

활동하기(30분)

4. 추상화 감상법 알기 : 추상화에 다가가는 법을 설명한다.

5. 작품 들여다보기 : 교사는 작품을 제시한다. 이때 실물을 제시
   할 수도, PPT로 제시할 수도 있다. 본 수업에서는 작가인 교
   사 본인의 작품 〈노래가 된 사람들〉을 제시했다. 학생들은
   작품을 보며 관찰한다.

6. 개별 질문 만들기 : 개인별로 5개의 질문을 만들어 활동지에
   적는다.

7. 짝 토론 : 서로의 질문을 비교하며 비슷한 내용의 질문에는
   ○표 한다. 서로 다르게 만들어진 질문(관점의 차)으로 짝과
   토론한다. 그리고 두 질문 중 대표 질문을 선정한다.

8. 모둠 토론 : 짝 토론을 통해 정해진 질문으로 모둠 토론을 한

후 모둠 대표 질문을 선정한다.

9. 쉬우르 : 각 모둠 대표 질문을 만든 사람은 칠판에 적는다. 교사는 이를 바탕으로 정리한다.

10. 작가와의 만남 : 작품의 작가임을 밝히고, 학생들과 대화한다. 질문이 오고 간다.

정리(5분)

11. 마무리 : 수업을 통해 느낀 점이나 새롭게 알게 된 점을 적게 한다. 필요한 경우 몇 명의 학생에게 발표하게 한다.

　－추상 표현 작품은 마음으로 봐야 한다는 것을 알았다.

　－단순한 사각형과 색깔만으로도 사람을 감동시킬 수 있다는 것을 알게 되었다.

판서 계획

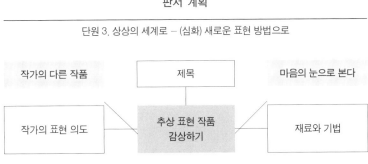

단원 3. 상상의 세계로 － (심화) 새로운 표현 방법으로

작가의 다른 작품　　　제목　　　마음의 눈으로 본다

작가의 표현 의도　　　추상 표현 작품 감상하기　　　재료와 기법

형성 평가 계획

평가 관점	평가 척도			평가 시기	평가 방법
	잘함	보통	미흡		
추상 표현 작품 감상을 통해 작가와 그의 작품 세계에 대해 알 수 있는가?				활동하기	관찰법
질문 만들기를 통해 작가와 그의 작품 세계에 대해 묻고 답할 수 있는가?				활동하기	질문법, 관찰법
친구들과 협력해 짝 활동, 모둠 활동에 적극적으로 참여하려는 태도를 지니는가?				전 과정	관찰법

질문 하브루타 학습지

단원	3. 상상의 세계로 – (심화) 새로운 표현 방법으로	차시 (쪽수)	6/6 (35쪽)

학년   반   번   이름

1. 추상 표현 작품을 보며 질문을 5개 이상 만듭니다.

1)

2)

3)

4)

5)

2. 짝 토론 : 가장 잘 만든 질문을 짝과 토의해서 적어봅니다.

나 :

짝 :

3. 모둠 토론 : 우리 모둠 대표 질문을 뽑아서 적어봅니다.

4. 우리 모둠 대표 질문에 대해 서로 이야기를 나눕니다.
   (기록이는 발표판에 적고, 이끔이는 발표 준비합니다)

공부할 문제

추상표현 작품을 감상해봅시다.

* 질문 만들기(작가와 작품)
* 비슷한 질문 찾기
* 서로 묻고 대답하기
* 모둠 대표 질문 정하기
* 모둠 대표 질문으로 이야기 나누기
  (발표자, 기록이 정하기)
* 발표 및 의견 나누기
* 쉬우르(전체정리)

미술작품에 대하여 이야기를 나눌 때는
어떤 것을 알아야 할까요?

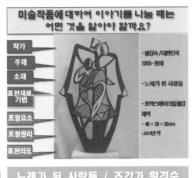

작가 ——— -황경숙 / 대한민국
         1955-현재
주제
소재   -노래가 된 사람들
표현재료
기법   -포멕스 에어크릴물감
         채색
조형요소 -48×78×20cm
조형원리 -2013년 작
표현의도

작품 명	노래가 된 사람들 NO.1
작 가	황경숙
크 기	48 × 78 × 20 cm
제작년도	2013
재 료	포맥스, 아크릴 물감

노래가 된 사람들 / 조각가 황경숙

언제부터인가 조각의 무거운 이미지를 벗어나 경쾌함이 내재된 작품을 고민하게 되었다. 그래서 조형요소인 점·선·면을 이용하여 최대로 절제된 형태로 가족의 사랑을 표현하여 보았다.

부모님의 사랑 안에서 아이들은 행복을 꿈꾼다. 부모와 자녀라는 인연으로 만나 사랑의 꽃을 피우는 아름다운 사람들!

바로 노래가 된 사람들이다.

수업에 활용한 PPT 자료

다음은 울산 천곡중학교 김문자 선생님의 〈서당도〉 수업 사례를 소개한다.

학습목표

1. 〈서당도〉를 감상하고 작품에서 느껴지는 특징, 표현 방법 등을 이해할 수 있다.
2. 질문자와 답변자가 되어 이야기할 수 있다.

수업 절차

1. 동기 유발: 유대인의 예시바에서 하브루타 장면을 보여준다.
2. 하브루타 설명 : 함께, 시끄럽게, 말하고, 생각하고, 질문하고, 실천해야 함을 이해시킨다.
3. 포토 스탠딩 토론 : 좋은 상상 카드를 나눠준 후 '서당 혹은 학교'를 주제로 포토 스탠딩 토론을 한다. 모둠별로 주제와 관계된 사진을 골라 서로 말하게 하고, 모둠별로 발표한다.[6]
4. 질문 만들기 : 김홍도의 〈서당도〉를 보여준 후 질문 만들기를 한다. '개별 활동-짝 토론-모둠 토론-발표'의 순으로 실시한다.
5. 쉬우르 : 〈서당도〉 내용을 설명하고, 모둠별 발표 내용과 차이점을 설명한다.
6. 작품 이어가기 : 〈서당도〉 다음 장면을 그린 후 발표한다.

---

6. 좋은 상상 카드를 활용한 포토 스탠딩 토론은 3장에 소개되어 있다.

학생들이 만든 질문은 다음과 같다. 중학생이라서 높은 수준의 질문이 많이 나오지는 않았지만, 질문을 만들기 위해 그림을 자세히 관찰했음을 알 수 있다.

- 그림 속에 혼자 갓을 쓰고 있는 사람은 왜 그럴까?
- 왼쪽 앞에 책을 펴고 있는 사람은 왜 책 위에 손을 올렸을까?
- 가운데 우는 아이의 왼쪽 발목에 손이 가 있는 이유는?
- 이 작품의 작가는? 호는?
- 이 그림의 구도는?
- 이 상황은 무엇인가?
- 어디에 그렸을까?
- 그림은 어디에 보관하고 있을까?
- 그림의 크기는?
- 그림이 보물이 될까?

작품 이어가기 활동에서는 다음과 같은 내용이 나왔다. 재미있는 내용이 많다. 이를 통해서 학생들은 작품으로 스토리텔링을 하고, 상상력과 창의력을 키울 수 있다.

- 우는 친구를 위해 밖에 나가서 제기차기(공차기)를 할 것이다.
- 훈장님이 우는 아이를 꼭 안아줄 것이다.
- 가운데 우는 아이는 왜 울까?

- 내가 손가락으로 가르쳐준 것을 왜 안 읽었느냐고 친구가 놀릴 것이다.
- 친구를 가르쳐줄 것이다.
- 하브루타 수업을 할 것이다.(짝을 지어서 외우기)
- 친구의 종아리에 파스를 발라줄 것이다.
- 훈장님이 답답해서 혼자 방 안에서 한숨 쉬고 있다.
- 훈장님이 본인 종아리를 걷어서 아이들에게 종아리를 때리라고 한다.
- 모두 열심히 숙제해서 파티를 할 것이다.

가정
부모 교육책 만들기

가정 수업에서는 친구 가르치기와 문제 만들기 하브루타 수업 사례를 소개한다. 단원은 '3-1 자녀 돌보기'이며, '부모 교육책 만들기' 활동을 통해 맡은 부분의 내용을 정리하고, 책 만들기를 한다. 이후 자신이 맡은 부분을 모둠원에게 설명하는 친구 가르치기를 한다. 또한 단원이 끝난 후 문제를 만들고 좋은 문제를 선정해서 발표하는 문제 만들기 하브루타 활동을 한다. 활동은 과정 중심 평가에 반영한다.

학습목표

1. 신생아기, 영아기, 유아기, 아동기의 발달 특징을 이해하고 설명할 수 있다.
2. 자녀 돌보기의 방법을 익혀 부모가 되는 데 필요한 역량을 기를 수 있다.

책 만들기와 친구 가르치기 절차는 다음과 같다.

1. 역할 분담 : 4명씩 모둠을 구성한 후 신생아기, 영아기, 유아기, 아동기 부분에서 1개를 선택한다.
2. 책 만들기 : 두 시간에 걸쳐 자신이 맡은 부분을 공부해 책을 만든다. 책은 A3 도화지를 접어서 8등분한다. 1쪽은 표지, 2~7쪽은 내용, 8쪽은 형성평가로 구성한다. 비주얼씽킹을 이용해 만들거나 내용을 요약해 만든다. 내용을 생각하는 과정이 필요하므로 책을 그대로 베끼지 않도록 지도한다.
3. 친구 가르치기 : 모둠원에게 자신이 맡은 부분을 설명한다. 예를 들어, '신생아기'를 담당한 학생은 '신생아기' 내용을 모둠원들에게 설명한다. 모둠 활동이 끝나면 교사는 '신생아기' 담당 학생을 옆 모둠으로 이동해서 설명하게 한다. 학생마다 설명하는 역량이 달라서 한 번 더 설명 들을 기회를 주기 위해서이다.
4. 교사 정리 : 교사가 전체 내용을 요약해 정리한다.

'책 만들기' 과정 중심 평가 척도표

평가 영역	성취 기준	평가 요소	배점
책 만들기	12기가 01-05	· 신생아기, 영아기, 유아기, 아동기 중 1개를 정해 책을 만듦 · 구성 요소 : 책 표지, 특징, 돌보기, 형성평가 · 편집 : 8페이지에 알맞게 구성	
		구성 요소 4가지와 편집이 창의적이며 알참	100
		구성 요소 4가지와 편집 중 1가지가 미흡함	90
		구성 요소 4가지와 편집 중 2가지가 미흡함	80
		구성 요소 4가지와 편집 중 3가지가 미흡함	70
		구성 요소 4가지와 편집 중 4가지가 미흡함	60
		제출했으나 모든 요소가 미흡함	50
		미제출	0

단원이 끝나면 문제를 만들고, 좋은 문제를 선정하는 문제 만들기 하브루타를 실시한다. 절차는 다음과 같다.

1. 개별 활동 : 활동지에 문제를 만든다. 골고루 문제를 만들게 하기 위해 활동지에 페이지를 지정한다.
2. 짝 활동 : 문제를 짝과 바꾸어 풀어본다. 우수 문제를 선정해서 다듬은 후 적는다. 적는 것이 귀찮다는 이유로 짧은 문제를 고르는 경우가 있어서 미리 주의를 주는 것이 좋다.
3. 모둠 활동 : 짝 활동에서 선정한 우수 문제를 모둠에서 풀어본다. 모둠 우수 문제를 고른 후 문제를 다듬는다.
4. 발표 : 모둠 우수 문제는 앞으로 나와서 발표한다. 이를 통해

모든 학생이 풀어보게 한다. 문제를 스캔해서 TV 화면에 띄우고 설명하면 학생들의 집중력을 높일 수 있다.

문제 만들기 하브루타 활동지

6차시	02. 부모 됨과 임신·출산	반 번 이름 :
주 제	건강한 임신과 출산 단원 문제 만들기	
개별 문제	p. 28	
	p. 29	p. 30~31
짝 우수 문제		
모둠 우수 문제		

한문
하브루타로 한자 쉽게 외우기 [7]

한문 과목은 중·고등학교에서 교과 위상이 다소 혼란스러운 교과이다. 국어와 한문이 교과로 묶여 있는 경우도 있고, 제2 외국어인 일본어, 중국어와 같은 교과로 묶기도 한다. 그것은 한문 과목의 성격이 우리말과 관련이 있으면서도 고대 중국의 문언문(文言文)[8]이라는 제2 외국어의 성격을 가지고 있기 때문이다.

학생 입장에서도 혼란스러운 교과이다. 교양적 입장에서 철학·문화·역사의 바탕이 되는 학문이지만, 실용적 입장에서는 일본어와 중국어에 미치지 못하는 까닭이다. 과목 자체만으로는 학생들에게 끌리지 않는 교과를 매력적으로 만들기 위한 노력으로 하브루타를 활용한 학생 참여 수업을 하게 되었다.

외국어 학습은 단순한 지식 습득이 목적은 아니다. 어휘, 문법, 표현, 문화, 문학을 토대로 언어를 습득하고 이해·활용하는 것이 목적이어서 토론 중심의 하브루타 적용에 다소 제한점이 있다. 특히 학생들이 알고 있는 어휘(한자) 수가 적어 텍스트 이해를 중심으로 한 토론이 현실적으로 힘들다.

평소 수업 후 소감문 쓰기 활동에서 자신의 배움을 성찰하는 활

---

7. 한문 하브루타는 울산 중앙여자고등학교 양수진 선생님의 원고를 그대로 실었음을 밝힌다.
8. 한문(漢文)은 고전 문어체 중국어이다. 이를 현대 중국어로 문언문이라고 한다.

동으로 하브루타를 적용하고 있다. 또한 짝과의 대화와 활동을 통해 한자와 한자어 학습에 하브루타를 적용했다. 평소 진행하는 한문 수업 흐름은 다음과 같다.

수업 전개

단계	구분	세부 활동	시간
도입	동기 유발	· 동기 유발 · 학습목표 제시 및 학습 방법 안내	5분
전개	본문 성독	· 선창 후 따라 읽고, 전체 합창하기	5분
	한자 학습	· 외우고 싶은 한자 3개를 선택하기 · 활동지 작성 후 짝과 이야기 나누기 (하브루타 기법 활용)	10분
	본문 번역	· 한 문장씩 번역하기(직역에 충실) · 학생이 번역 가능한 문장은 그 문장만 하브루타 기법 적용	20분
	암송하기	· 오늘 배운 문장 암송하기 (짝과 함께 하브루타 기법으로)	5분
정리	쉬우르	· 수업 후 활동 소감문 작성하기 (교사와 피드백) · 차시 예고	5분

다음은 한문 문장 번역이 주가 되는 본문 학습 시 수업마다 10분 정도 실시하는 한자 학습 사례이다. 한자를 억지로 외우려는 노력은 무의미한 철자 학습이 될 수 있다. 이를 방지하기 위한 노력으로 하브루타를 적용해보았다.

성취기준

한 I 311. 한자의 형(形), 음(音), 의(義)를 알 수 있다.[9]

학습목표

1. 여러 가지 한자 모양과 소리와 뜻에 대해 이해할 수 있다.
2. 한자 활용에 대해 짝과 말할 수 있다.

수업 전개 단계에서 5분의 본문 성독[10]과 10분간 진행하는 한자 학습 절차는 다음과 같다.

1. 본문 성독 : 본문을 여러 번 읽는다. 처음에는 교사가 선창하고 학생들이 따라 읽는다. 이후 선창자가 먼저 읽으면 따라 읽는 형식으로 4~5회 읽는다. 마지막에는 전체가 함께 큰 소리로 읽는다. 성독은 본문 번역에 대한 호기심을 갖게 하고, 본문 한자들을 천천히 살펴보게 하는 효과가 있다.

2. 자신이 외우고 싶은 한자 3개 찾아 쓰기 : 학습지에 오늘 학습 내용 중 자신이 외우고 싶은 한자 3개를 선택한다. 넘버링하면서 한자를 쓰고, 음과 뜻을 쓰고, 외우고 싶은 이유를 쓴다. 한자 형태에 대한 이해, 언어생활에서 한자의 활용, 자기 삶

---

9. 한자의 형(形), 음(音), 의(義)는 각각 모양, 소리, 뜻을 말한다.
10. 소리 내어 읽는 것을 말한다.

의 가치, 자기 마음의 상태, 실생활에 쓰이는 단어 찾기 등 다양하고 자유롭게 쓸 수 있도록 지도한다.

3. 짝과 대화 나누기 : 선택한 한자 3개를 짝에게 설명하고 궁금한 것을 질문한다. 짝이 선택한 것 중 가장 마음에 드는 것에 표시하고 댓글 형식으로 이유를 쓴다. 짝 활동이 끝나면 자신의 학습지에 짝의 한자 1개를 쓴다.

4. 학급 학생들과 공유하기 : 교사 주도하에 오늘 한자 익히기 활동 중 학급 친구들과 공유하고 싶은 내용이 있으면 손을 들게 하고 발표시킨다.

5. 쉬우르 : 교사는 학생 활용 내용에 대한 평(評)과 학생들이 선택한 한자에 대해 추가 설명 또는 요약 정리한다.

다음 페이지의 사진 자료는 지키다 '보(保)'를 두 학생이 외우고 싶어 하는 한자로 선택하고 그 이유를 제시한 내용이다. 첫 번째 학생은 한자를 형태적으로 이해하려는 노력이 보인다. 이 학생과 짝은 지키다 보(保)를 쉬다 휴(休)와 입 구(口)의 조합으로 이해했다. 두 번째 학생은 사람인 변(亻)과 어리석을 매(呆)의 조합으로 이해했다. 또 어리석을 매(呆)를 왜 사람(人)이 지키나 의문을 가져 한자의 본래 뜻에 가깝게 다가갔다. 지키다 보(保)는 어른이 (人) 아이를(呆) 지키고 보살핀다는 데서 '보전하다'를 뜻한다.[11] 呆는 강보에 싸인 아기를 뜻한다. 따라서 두 번째 학생이 이 글자의 본질을 더 잘 이해했다고 할 수 있다.

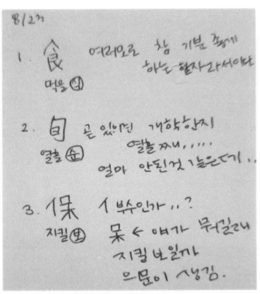

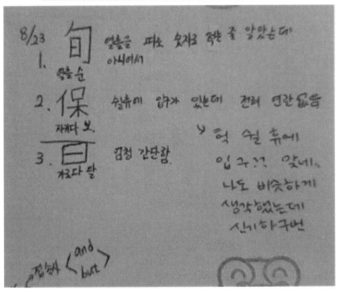

한자 학습 하브루타

하브루타의 장점은 교사가 일일이 그 한자가 어떻게 이루어졌는지 자전을 뒤져가며 설명해주지 않아도 아이들이 스스로 찾아낸다는 점이다. 다음은 한문 학습에서 학습자가 가장 흥미를 느끼는 성어와 어휘를 수업에 활용한 방식이다.

성취기준

성어 – 한 I 324-1. 성어의 의미에 대해 말하고 이를 언어생활에 활용할 수 있다.

어휘 – 한 I 221. 한자 문화에서 유래한 한자 어휘를 정확하게 이해하고, 언어생활에서 바르게 활용할 수 있다.

학습목표

1. 성어의 유래와 의미를 설명할 수 있다.
2. 어휘를 일정한 상황에 적용해 사용할 수 있다.

활용 빈도가 높은 성어(어휘)가 100~200개 제시된 학습지를 배부한다. 학습 절차는 다음과 같다.

1. 성어(어휘) 학습지 읽기 : 학습지를 천천히 읽어 내려가며 더 알고 싶은 것, 꼭 외우고 싶은 것, 마음에 드는 것 등 주제에 맞

---

11. 네이버 한자 사전

게 10개 표시한다. 교사가 주제를 선정해서 수업을 진행해도 된다.

2. 짝과 대화 나누기 : 각자 선택한 성어(어휘) 10개를 크로스 체크한다. 자신이 선택한 성어(어휘)는 파란색으로 표시하고, 짝이 선택한 것은 빨간색으로 표시한다. 겹치지 않는다면 20개를 익힐 수 있다. 서로 선택한 이유를 설명하고 성어(어휘)의 내용을 살펴본다. 궁금한 것을 질문하고 대화를 나누면서 익힌다.

3. 표현하기 : 짝과 협력해 대화 중 인상적인 것 1개를 선정해 화이트보드에 그림 또는 글로 표현한다.

4. 학급 학생들과 공유하기 : 완성한 표현을 칠판에 게시한다. 겹치지 않는다면 그림으로 표현된 10개 이상의 성어(어휘)를 익힐 수 있다. 겹친다 해도 다른 표현으로 성어(어휘)를 풍부하게 이해할 수 있다. 2~5팀 정도 나와서 발표하게 한다.

5. 쉬우르 : 교사는 학급 학생들이 표현한 성어(어휘)에 대해 추가 설명 또는 요약 정리한다.

오른쪽 사진 자료에서 금자탑(金字塔)은 피라미드의 번역어로 교사가 설명하지 않아도 이해한 것으로 나타났다. 신기루(蜃氣樓) 역시 평소 알던 지식과 연계해 그림으로 이해하기 쉽게 설명했다.

쉬우르 단계에서는 5분간 15자 내외로 수업 활동 후 소감을 쓰게 한다. 학습에서 새로 알게 된 것, 느낀 점, 질문 등이다. 쉬는

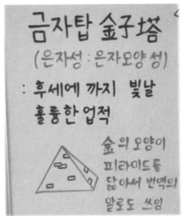

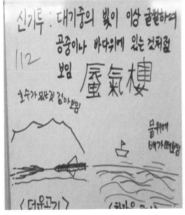

성어(어휘) 학습 하브루타

시간을 조금 넘기는 경우도 있지만, 도장을 찍으며 쓴 내용을 토대로 교사와 학생이 간단한 1:1 대화로 수업을 피드백한다. 이것은 학생이 수업 내용을 되새기는 성찰의 의미와 교사와의 소통이라는 측면에서 매우 효과가 있다.[12]

체육
친구에게 배드민턴 가르치기

체육 과목에서는 친구 가르치기를 통한 배드민턴 실기 수업 사례를 소개한다. 협동학습, 전문가 집단의 친구 가르치기, 공동 과제, 다른 조와 경기 등의 수업을 진행한다. 교사 강의나 피드백은 최소화하고, 우수 학생을 통한 가르치기와 피드백을 한다. 기량이 떨어지는 친구도 질문을 통해서 행동으로 옮기지 못하는 것들을 생각하고 말하게 한다.

수업이 시작되면 학생 수준 파악과 흥미 유발을 위해서 게임을 실시한다. 학생들에게 기본기를 가르쳐주지 않고 처음부터 게임을 하라고 하면, 처음에는 조금 당황하기도 하지만 이내 즐겁

---

12. 이 활동은 2학기 때 주로 하는 활동이다. 2학기가 되면 문장 번역이 시작되면서 학습 의욕이 낮아져서, 이를 해결하기 위해 궁여지책(窮餘之策)으로 시작된 활동이다. 하지만 학생들이 학습을 정리하고 배움의 의미를 돌아볼 수 있게 해주었다. 교사가 매번 찍어주는 도장 모으는 재미까지 겹쳐 '수업 활동 소감지에 어떤 말을 쓸까' 하는 목적으로 더 열심히 수업을 듣게 되어, 수업을 이끄는 강한 원동력이 되었다.

게 땀 흘리면서 게임에 집중한다. 15분 정도 자유롭게 게임을 실시하고, 교사는 게임 장면을 유심히 지켜보면서 잘하는 학생과 잘 못하는 학생을 선별한다.

이후 학생들을 모아 게임을 하면서 자신의 부족한 부분에 관해 질문을 하고, 체육관 벽에 붙여놓은 화이트보드에 적게 한다. 그 후 조 편성을 한다. 조 편성은 학생들에게 맡기되 한쪽으로 기량이 치우치게 되면 교사는 최소한의 개입을 통해 도와주고, 연습과 게임을 통해 조정이 가능하다는 것을 알려준다. 학생들 기량을 가장 잘 알고 있는 사람은 학생 스스로이다. 조 편성 및 팀 구성을 하고 조장 및 팀장을 뽑도록 한다.

배드민턴 기본 기술은 2차시에 걸쳐서 팀장의 시범과 설명을 통해 익히도록 한다. 그 후 조별, 팀별 연습을 하고 휴대폰 촬영과 즉각적 피드백을 통해 본인의 부족한 부분을 계속해서 점검한다. 팀장에게 교사가 설명하고 가르쳐주면 그 내용을 다시 조원 및 팀원에게 가르쳐준다. 팀장을 통한 친구 가르치기는 교사에게 쉽게 다가서지 못하는 학생들이 쉽고 편하게 배울 수 있다는 장점이 있다. 하지만 단점은 학생이 학생을 가르치기 때문에 평소 원활한 관계 형성이 되어 있지 않으면 부담을 가질 수 있다.

다음은 기본기 형성이 어느 정도 완성된 후 실시한 두 시간 블록 수업이다.

학습목표

1. 서비스의 과학적 원리를 이해하고 정확한 자세로 실시할 수 있다.

2. 조별로 조원의 특성을 이해하고 협동학습을 할 수 있다.

수업 절차

1. 생각 열기 및 전시 학습 확인 : 인사하기, 준비 운동, 전시 학습 확인(전시에 촬영해놓은 우수 동작 동영상으로 간략하게 설명)을 한다.

2. 학습목표 제시 : 학습목표를 발문을 통해 확인한다.

3. 시범과 설명 : 본시 학습과 관련된 내용을 전체 학생을 대상으로 설명 및 시범을 통해 설명한다.(여기까지 10분)

4. 활동 1(20분) : 교사에게 배운 내용을 자유롭게 연습한다. 교사는 학생 활동을 유심히 살피고 조별 화이트보드에 부족한 부분을 적는다. 조장은 수시로 확인하고 피드백을 제공한다. 5분 후 조장을 불러 '조장 교육-5분 연습 시행-조장 교육-5분 연습 시행(15분 소요)'을 반복한다. 남은 5분 동안 화이트보드에 적힌 지적 사항들에 관해 토론하고 개선된 내용에 밑줄 긋기를 한다.

5. 활동 2(15분) : 조별로 프로급과 아마추어급으로 나누어 프로급은 코트에서 연습하고, 아마추어급은 스윙 연습기를 통해서 연습한다. 아마추어급에게는 교사가 자세와 원리에 관해

설명한다. 아마추어급 학생은 교사에게 배운 내용을 다시 조장에게 설명한다. 조장은 '활동 2'를 마치기 5분 전에 교사에게 와서 다시 설명해 아마추어급 학생들이 정확하게 이해를 하고 있는지 확인하고, 교사는 조장을 통해 다시 피드백을 제공한다.(여기까지 한 차시)

6. 쉬는 시간 및 자율 연습(10분) : 휴식을 하거나 자율적으로 연습을 한다.

7. 활동 3(20분) : 활동 1과 활동 2를 통해 연습 내용을 반복하고, 본인의 동작을 핸드폰으로 10초가량 촬영한다. 가장 정확한 동작을 선별해 1인 1 동영상을 활동 시작 후 10분 되는 시점에 교사에게 전송한다. 교사는 전송된 동영상을 확인하고 가장 모범적인 동영상을 3개 선별한다. 남은 10분간 더 연습하고 교사는 이전 활동과 마찬가지로 조장을 통해 학생들에게 즉각적 피드백을 제공한다.

8. 활동 4(10분) : 전체 학생을 모은 후 선별된 3개의 동영상을 보여주고 조별로 토론한다. 학습 내용에 관해 화이트보드에 적게 하고, 1인 1 질문을 준비하게 한다.

9. 활동 5(10분) : 조별로 토론하고 화이트보드에 적은 내용을 종합해서 전체적으로 설명을 하고, 질문에 대해 답변한다. 학습 내용을 정리하고 학생들 개개인의 평가에 대한 내용을 간략하게 설명한다.

10. 정리 운동 및 차시 예고(5분)

5장

하브루타로
입시 준비하기

하브루타의 가장 큰 장점은 수능 준비와 입시에도 효과가 뛰어나다는 점이다. 질문을 만들고 함께 해결하는 과정에서 지식 습득에 도움이 되고, 친구 가르치기를 통해서 복습과 장기 기억에 효과적이다. 또한 수업에서 학생 역량이 돋보여 학생부종합전형에도 도움을 준다. 필자도 하브루타를 처음 시작한 것이 고3 교실이었고, 그다음 해에도 역시 고3 교실에서 계속 하브루타 수업을 했다. 필자의 첫 번째 책인《얘들아, 하브루타로 수업하자!》의 대부분이 고3 교실에서의 수업 사례이다. 다른 사탐 선택 과목에 비해 수능에서 1등급 수가 많았으며, 무엇보다 학생들의 활동을 그대로 기록한 학교생활기록부에 대한 만족도가 높았다. 또한 말하는 수업을 통해 면접에서도 효과를 보았다는 학생들의 이야기가 많았다.

이제까지 많은 교사가 강의식 수업을 지속한 중요한 이유 중 하나가 입시를 위해서이다. 주어진 문제에서 정답을 찾는 수능에 대비하기 위해서는 주요 개념과 예상 문제를 설명하는 강의식 수업이 효율적이라는 것이다. 하지만 수시 모집에서 70퍼센트 이상의 학생을 선발하고, 특히 학생들이 선호하는 수도권 대학의 학생부종합전형 비율을 고려할 때 '과연 강의식이 입시 위주의 수업 방법인가'에 대해 의문이 든다.

2019년도 전국 입시 모집 인원을 보면 학생부교과전형 41.4퍼센트, 학생부종합전형 24.3퍼센트, 정시 23.8퍼센트, 실기·특기 5.6퍼센트, 논술 3.8퍼센트의 순이다. 서울 15개 대학을 보면 학생부종합전형 43.7퍼센트, 정시 27.3퍼센트, 논술 15.2퍼센트, 실기·특기 7.4퍼센트, 학생부교과전형 6.3퍼센트의 순이다. 이를 분석해보면 전국적으로 수능보다 학생부종합전형으로 선발하는 비율이 높다. 특히 수도권 대학은 학생부종합전형이 훨씬 많다.

정시 수능 선발 인원보다 수시 모집의 비율이 훨씬 높고, 특히 학생부종합전형에서 과목 세부능력 및 특기 사항의 중요성이 증가하는 상황에서 강의식은 더 이상 입시 위주의 수업이 아니다. 반면 학생들이 말하고 토론하는 하브루타 수업은 과목 세부능력 및 특기 사항을 풍성하게 한다. 또한 질문하고 함께 문제를 해결하는 과정에서 지적 호기심과, 이에 대한 해결 과정을 중시하는 자기소개서 1번 학업 역량, 자기 주도성을 강조하는 2번 개인 역량, 협력과 배려 사례를 적는 3번 인성 역량에도 도움을 준다. 질문으로 지적 호기심을 높이고, 토론과 다양한 활동으로 학업 역량과 자기 주도성, 그리고 협업 능력을 키우는 하브루타가 입시 위주의 교육이다.

학생부종합전형과 하브루타

학생부종합전형은 학생들의 지적 호기심, 학업 역량, 자기 주도적인 학습 태도 등을 강조한다. 강의 수업에서는 학생들의 이러한 개인 특성을 담을 수 없다. 다음에서 볼 수 있듯이 학생부종합전형에서 입학사정관들이 가장 주목하는 학교생활기록부 항목이 수업에서 학생들이 어떤 활동을 하고, 어떤 역량을 발휘했는가를 기록하는 세부능력 및 특기 사항이다.

학교생활기록부 10개 항목 중 가장 중요하게 활용하는 세 가지는 교과 성적과 '세부능력 및 특기 사항'으로 구성된 '교과학습 발달상황'이다. 그다음에 함께 주로 보는 것이 수상 경력과 창의적 체험활동 상황이다.

_서강대학교

학생부종합전형은 수업에 주목하고 있다. 교실에서 토론 수업, 협동학습 등 학생의 활동이 중심이 되고 이것이 기록에 담겨야 한다. 입학사정관들은 교실에서 이루어지는 수업의 모습을 보고 싶어 한다. 세부능력 및 특기 사항을 꼼꼼히 읽으며 교실에서 어떤 수업이 이루어졌는지, 수업 속에서 어떤 능력과 소양을 키우고 발휘해왔는지 판단한다. 학생 개인마다의 학습활동 내용을 담아주길 바란다.

_서울대학교

서울대 입학 자료[1]에 따르면 학교생활기록부의 세부능력 및 특기 사항에 기재된 교재나 수업 내용(토론, 발표, 실험 등), 그 안에서 보인 학생의 노력, 과제 수행 내용 등을 통해 학생이 수업에서

---

1. 2019학년도 서울대학교 학생부종합전형 안내

학습한 내용과 수준을 파악해, 단순히 교과 성적 수치로 볼 수 없는 학생의 역량을 살펴본다고 한다. 예컨대 과학 교과 이론 수업에서는 비슷한 수준이라고 여겨지던 학생이 실험 수업에서 실험 설계 능력, 문제 해결 능력 등의 우수성이 드러나는 경우, 수학 교과 중에서 유독 통계 부분에 강점을 보이는 경우 등 수치화된 성적으로 드러나지 않는 학생의 우수성을 평가한다는 것이다. 학생이 말하고 토론하는 하브루타는 수업 중 학생들의 자기 주도성과 학업 역량이 가장 잘 드러난다.

학교 수업에서 교사의 강의만으로 수능을 대비하는 학생은 많지 않다. EBS 및 인터넷 강의, 학원과 과외 등과 병행해 수능에 대비한다. 다시 말해 학생 입장에서는 수능 준비는 교사의 강의가 아니더라도 대체할 수 있는 다양한 방법이 있다. 하지만 학생부종합전형을 위한 세부능력 및 특기 사항은 학생 참여 수업이 아니라면 대체 수단이 없다. 그래서 어느 유명 입시 강사는 "학생부종합전형에서 참여 수업을 하지 않는 것은 수능에서 OMR 카드를 주지 않는 것과 같다"라고 말하기도 했다. 세부능력 및 특기 사항은 다음과 같은 순으로 기록하며, 사례를 소개한다.

① 수업 소개 : 하브루타, 찬반 토론, 논술 등
② 토론 활동 내용 : 적극성, 입론이나 반론, 재반박 내용 등
③ 논술 : 과정 중심 평가인 논술 내용 기록
④ 지적 호기심 해결을 위한 노력 : 토론 과정에서 생긴 의문을

해결하기 위해 독서를 하고 이를 통해 배운 점 기록, 진로와
연계

⑤ 배우고 느낀 점

① 행복을 주제로 다양한 하브루타 활동과 논술 쓰기를 함. '부유한 국
가일수록 더 행복하다'를 논제로 근거를 만들고, 찬반 토론을 함. ② 찬
성 측 입장에서 복지 사회에서도 빈부 격차가 심하다는 상대측 반론
에 복지를 통한 사회 전체 삶의 질이 높아짐을 내세워 재반박하는 등
적극 참여함. 토론이 이기고 지는 것이 아닌 서로의 의견 차이를 알고,
또 다른 해결 방법을 찾는 과정임을 깨달음. ③ 이후 복지와 선택 기회
증가를 근거로 찬성 논술을 작성함. ④ 상담심리학에 관심이 많은 학
생으로 토론에서 반대편의 '소득 편차로 가난한 사람의 자존감이 낮아
진다'는 근거를 듣고, 돈과 사람의 심리가 어떻게 상호 작용하는지 궁
금해서 《거꾸로, 희망이다》를 읽음. 바쁘게 살던 일본인들이 경제 불
황 이후 자신의 삶을 돌아보면서 행복을 느끼는 사례를 통해 소득이
적더라도 사회 환경과 마음가짐에 따라 행복이 달라질 수 있음을 깨
달음. ⑤ 과거 행복의 조건으로 물질과 직업 등만 생각했는데 수업을
통해 진정한 행복의 조건은 서로에 대한 신뢰감과 자신에 대한 책임
감이라고 생각하게 됨.

자기소개서와 하브루타

자기소개서 1번은 고등학교 재학 기간 중 학업에 기울인 노력과 학습 경험에 대해 배우고 느낀 점을 중심으로 기술한다. 수업이나 공부 중에 느낀 지적 호기심을 독서나 자율 동아리 등의 비교과 활동과 연계해 해결하고, 이를 통해 성장하고 변화한 내용을 진로와 관련해 적는 것이 가장 효과적이다. 서울대학교가 제공한 2019학년도 학생부종합전형 안내 자료의 자기소개서 우수 사례에서도 하브루타 수업과 질문의 필요성을 확인할 수 있다. 먼저 인문대학 국사학과에 합격한 학생의 자기소개서는 질문으로 시작하며, 다음과 같이 구성되어 있다.

① 질문 : 정의롭다고 알려진 것들은 의심 없이 믿어야 하는가?
② 문제점 발견 : 독서를 통해 공정무역 폐단 인식
③ 자료 수집 : 인터넷을 통한 공정무역 폐단 사례
④ 발표 : 수업 시간에 공정무역 폐단 사례 발표
⑤ 배우고 느낀 점 : 사회 통념에 대한 맹목적 신뢰 문제 반성
⑥ 행동 변화를 위한 노력 : 진로 관련 삶의 자세 다짐

① '정의롭다고 알려진 것들은 의심 없이 믿어야 하는가?'라는 질문은 저의 학업의 과정에 있어 큰 의미를 가졌습니다. 그중 한 가지로 공정무역은 말 그대로 공정하다고 생각했으며, 경제 교과서에서도

판매를 통해 얻은 이익을 제3세계 노동자들에게 돌려준다는 짧은 토막글을 보면서 공정성의 의미를 더더욱 의심하지 않았습니다. ② 하지만 도서관에서 《나는 세계 일주로 자본주의를 만났다》라는 책을 읽고 나서 공정무역에 대한 환상은 완전히 무너지게 되었습니다. 책에서 말하고자 하는 것은 공정무역은 이미 기업의 이윤 창출 수단의 하나로 전락해버렸고, 제3세계 노동자들의 인권은 전혀 신경 쓰지 않는다는 것이었습니다. 그 사례로 맥도날드와 데어리 밀크 초콜릿은 공정무역 마크를 붙임으로써 큰 마케팅 효과를 얻고 공정무역 재단은 마크를 붙이는 수수료를 조금씩 올리지만, 이들의 수익과 무관하게 제3세계 노동자들에게는 혜택이 돌아가지 않는다고 설명했습니다. ③ 이러한 사실을 알게 되면서 공정무역의 폐단에 대해 경제 시간에 발표 수업을 준비했습니다. 책에서 소개하는 폐단 말고 인터넷에서 더 많은 사례를 조사했습니다. ④ 조사 내용을 친구들 앞에서 발표했고, 이후 큰 고뇌에 빠지게 되었습니다. ⑤ 경제 교과서에서 알려주는 가장 기본적인 수요와 공급의 법칙을 무시하고 있었다는 점 때문이었습니다. 즉, 공정무역은 높은 가격 책정으로 인해, 과도한 공급을 초래하는 근원적인 문제점을 가지고 있다는 점입니다. 교과서에서 알려주는 사실들을 비롯한 사회적 통념에 관해서 맹목적으로 신뢰한 것과 공정무역에 대해서 발표 수업을 준비할 때도 사례에만 집중했던 것이 문제였습니다. ⑥ 이후에 데카르트가 "의심하고 또 의심하라"라고 말했듯이 당장 눈에 보이는 사실이나 의견에 대해서도 의문점을 던져보는 학습 태도를 갖추려고 노력하게 되었고, 학습의 본질에 대해 고민하면서 이것이 객관적인 고증을 바탕으로 연구하는 역사학자의 기본자세라고 생각되었습니다.

다음의 공과대학 재료공학부에 합격한 우수 사례도 역시 질문으로 시작해서 해결하는 과정과 도전, 배우고 느낀 점으로 구성되어 있다.

① 질문 : 탄소나노튜브로 n형 반도체를 구성하면 어떨까?
② 자료 수집 : 도서관과 인터넷, 논문 검색
③ 어려움 해결 : 지식 심화, 확장
④ 배우고 느낀 점 : 자신감, 호기심의 중요성

저는 학습적 호기심을 해결하기 위해 적극적으로 행동하며, 그 과정에서 파생된 또 다른 궁금증을 해소하기 위해 지식을 확장하고 심화하는 과정의 즐거움을 잘 알고 있습니다. 화학 수업을 통해 탄소나노튜브의 전기적 성질과 물리 수업을 통해 태양전지에서 전자를 나르는 n형 반도체에 대해 배웠습니다. ① 두 내용을 연계해 '탄소나노튜브로 n형 반도체를 구성하면 어떨까?'라는 질문을 떠올렸습니다. ② 도서관, 인터넷에서 자료를 찾던 중 염료 감응형 태양 전지에 탄소나노튜브가 상대 전극으로 이용되는 것을 알게 되었습니다. 정확한 사용 원리까지는 알 수 없었는데, 마침 학교에서 진행하는 논문 읽기 프로그램이 있어서 프로그램에 참여해 원리를 파악해보자고 결심했습니다. 관련된 논문을 검색해 〈작업 전극과 상대 전극에 탄소나노튜브를 이용한 염료 감응 태양 전지의 특성 연구〉(김보라 외)를 읽게 되었습니다. 처음에 논문을 읽는데 논문의 높은 난이도에 충격을 받았습니다. EIS, J-V 특성곡선과 같은 생소한 학술적인 용어 때문에 이해하기 어려웠습니다. 포기하고 싶은 마음도 있었지만, 궁금증을 풀 수 있는 기회를 놓치고 싶지 않았습니다. 그래서 인터넷을 이용해 쉽게 설명하는 자료들을 찾아 하나씩 이해해나가기 시작했습니다. 탄소나노튜브에 흐르는 전류 측정 실험에서 그래프에 나타나는 JSC와 같은 용어처럼 정확히 이해하지 못한 것도 있었지만 이 과정을 통해 논문 내용을 처음보다는 수월하게 이해할 수 있었습니다. 그 결과 탄소나노튜브를 작업 전극, 상대 전극에 사용했을 때 저항이 작아지고 전류가 잘 흐른다는 사실을 알 수 있었습니다. ③ 논문 읽기 활동을 통해 궁금증을 해결하려던 과정에 수많은 어려움이 있었습니다. 하지만 주저앉지 않고 계속 도전을 했기 때문에 지식을 심화, 확장시킬 수 있었습니다. ④ 넘을 수 없을 것 같았던 산을 넘는 과정에서 자신감을 얻을 수 있었습니다. 그리고 탐구라는 것이 호기심으로부터 시작되며, 열정과 끈기를, 난관을 극복하는 과정임을 배울 수 있었습니다.

이 두 개의 자기소개서는 수업과 공부 중에서 생긴 질문을 가지고, 이를 해결하는 과정에서 새로운 것을 배우고 느꼈다는 공통점이 있다. 이는 수업에서 질문을 만들고 함께 해결하는 하브루타가 자기소개서에 도움을 줄 수 있음을 시사한다. 다음은 질문으로 지식을 확장한 울산외국어고등학교 학생의 자기소개서 1번 문항이다.

러시아 여성의 날 발표 준비를 하면서 '러시아 문학 속의 여성상 중 〈맥베스〉 속 레이디 맥베스와 유사한 러시아 여성주의 문학은 무엇인가?'에 대한 질문은 제가 러시아 문학의 여성상에 매료되게 해주었습니다. 2학년 심화 영어 독해 시간 〈맥베스〉 원서 수업으로 레이디 맥베스가 욕망에 사로잡혀 남편을 위해 자신을 희생하는 모습에 주목했습니다. 그래서 저는 희곡 낭송 대회에 참가하여 레이디 맥베스의 처절함을 담아 여성의 소극적인 면모를 모순되게 표현했습니다. 이후 문학 속 여성상에 관한 서적을 찾던 중, 니콜라이 레스코프의 《러시아의 맥베스 부인》을 읽게 되었습니다. 두 여성의 연관성을 발견해 탐구 보고서 〈러시아와 영국, 두 맥베스 부인 비교·분석〉을 썼습니다. 작품 속 카테리나가 남성을 상징하는 권력을 쟁탈하려는 모습이 시대적으로 도전적인 여성상을 드러낸다는 점에서 인상 깊었습니다. 희곡의 맥베스 부인과는 달리, 소설 속 여성상은 욕망을 간접적으로 표현하며 부추기는 느낌이 아닌 본인 의지대로 삶을 개척하는 능동적인 이미지를 보여주었다는 차이점을 밝혔습니다. 더 나아가 저는 논평 작성을 통해 한 인물의 욕망 표출 과정에서 권력 문제를 제기했습니다. 그리고 당대 여성으로서는 도무지 견딜 수 없었던 부당한 대우가 개선되지 않고, 권력을 가진 남성성으로부터 억압되었다는 점을 부각하기 위해 저자가 역설적으로 드러낸 점을 밝혔습니다. 또한 논평에서 현대 사회와 연결해 성차별 문제를 언급하고 《82년생 김지영》을 읽었습니다. 성차별 문제의 심각성을 깊이 알게 되었고, 더불어 여성도 공동체의 일원이라는 점을 문학을 통해 배웠습니다. 하지만 지나친 자의적 왜곡과 여성을 보편적으로 극심한 사회적 약자로 인식하게 만든 점은 아쉬웠습니다. 그래도 여태껏 힘들게 살아온 여성의 삶을 알며 출산 이후 복직 문제 해결의 필요성을 인지했습니다. 저는 문학을 탐구하며 흥미를 느낀 후 이를 사회 문제로 적용하는 능력을 키웠고, 문학이 우리 삶의 모습 개선에 지닌 큰 영향력을 알게 되었습니다.

자기소개서 2번은 고등학교 재학 기간 중 본인이 의미를 두고 노력했던 교내 활동을 배우고 느낀 점을 중심으로 기술한다. 하브루타 수업은 다양한 토론과 활동으로 자기 주도성과 전공 적합성에 맞는 자기소개서 작성을 가능하게 한다. 다음은 신정고등학교 학생의 자기소개서 2번 문항이다.

2학년 때 하브루타를 통한 윤리 수업은 저에게 의료인으로서의 윤리 의식을 고찰하게 하는 시간이었습니다. 낙태에 대한 다큐멘터리를 본 후에 질문을 만들고 토론하는 시간을 가졌습니다. 평소에 생명은 무엇보다 귀하다는 생각을 하고 있었기 때문에 낙태를 반대하는 입장에서 토론을 준비했습니다. 전체 토론에 앞서 하브루타로 근거를 만들었습니다. 짝 토론을 하면서 '원치 않는 임신을 한 사람들의 입장이 되어보라'라는 반박에 저는 허를 찔린 느낌이었습니다. 이때까지 한 번도 산모 입장에서 생각해본 적이 없었기 때문입니다. 이후 낙태의 양측 입장을 심층적으로 조사했습니다. 이를 통해 어떤 문제를 정확히 파악하려면 다양한 시각에서의 관찰이 필요하다는 것을 알게 되었습니다. 이후 학교에서 의견 충돌이나 친구들 사이의 갈등 상황에서 상대의 말을 경청하고자 노력하게 되었고, 그 결과 문제 해결이나 상황

판단에 많은 도움이 되었습니다. 이 경험은 생명의 절대적 가치 관점에서만 생각하던 저를 반대 관점에서도 바라보게 했습니다. 죽어가는 사람들의 생명을 일분일초라도 연장시키려는 의료 행위가 옳은 것인지 고민하게 되었습니다. 환자의 입장에서 진정성 있는 간호를 펼쳐 고통을 조금이라도 줄일 수 있는 간호사가 되기로 결심하는 계기가 되었습니다.

또한 자기소개서의 3번인 나눔, 배려, 협력, 갈등 관리 사례에서도 친구 가르치기는 좋은 소재이다. 다음은 신선여자고등학교 학생의 자기소개서 3번 문항이다.

멘토링을 통해 지식을 나누는 기쁨을 배웠습니다. 평소 친구 가르치기를 통한 공부를 좋아해서 학교에서 운영하는 마중물 멘토링을 신청했습니다. 1, 2학년 때 배웠던 개념들을 토대로 심화 과정을 다루면 되기 때문에 멘토링 활동에 적극 참여했습니다. 멘토링 목표를 내신과 모의고사 수학 성적 올리기의 두 가지로 정했습니다. 내신 수학을 공부할 때 수능 특강에 있는 문제를 푸는데 아직 개념이 확실하지 않은 상태여서 어려운 문제에 도전하는 것이 저희에게 맞지 않다는 것을 알게 되었습니다. 멘티와 의견을 나누어 개념 정리 후 쉬운 문제와 유사 변형 문제를 먼저 해결하고 이후에 심화 문제에 도전하기로 했습니다. 모의고사 수학은 기출문제를 푼 후 오답 노트를 작성해 문제를 완전히 이해하도록 노력했습니다. 그 결과 저희 둘 다 내신과 모의고사 성적이 향상되었습니다. 멘티가 질문했던 문제를 쉽게 이해할 수 있도록 여러 가지 방법을 연구하면서 한 문제에 대해 다각도로 생각하게 되었고, 자연스럽게 저의 문제 풀이 능력이 향상되었습니다. 저 혼자 공부할 때보다 친구를 가르치며 함께 공부할 때 시너지 효과가 발휘됨을 알게 되었습니다.

자기소개서 4번은 대학마다 다르긴 하지만 지원 동기와 지원하기 위해 노력한 과정을 적는 것이 일반적이다. 다음은 신정고등학교 학생의 간호학과 지원 동기에 포함된 하브루타 사례이다.

저는 환자와 소통하고 공감하는 간호사가 되기 위해 간호학과에 지원했습니다. 2학년 때 멘토-멘티 활동과 하브루타 수업은 소통의 의미와 방향성에 대해 깨달음을 주었습니다. 멘토였던 저는 암기 내용이 많은 생명과학 과목을 멘티에게 주입식으로 가르쳤습니다. 원래 의욕이 넘쳤던 친구가 수동적으로 공부하면서 점차 저를 꺼리는 것을 느꼈습니다. 잘 이끌어주지 못한 것이 미안했고, 방법을 고민하던 중 생활과 윤리 수업에서 했던 하브루타가 떠올랐습니다. 하브루타는 질문하고 토론하는 가운데 학생이 선생님이 되고 선생님이 학생이 되었습니다. 자연반에서 문과 수업을 하는데도 아무도 졸지 않았습니다. 이를 통해 일방적인 전달보다는 쌍방향 소통의 효과를 깨달았습니다. 그래서 하브루타를 멘토-멘티 활동에 적용해서 질문을 주고 받고, 내가 먼저 가르친 후 멘티가 다시 제게 설명하게 했습니다. 이를 통해 친구가 제대로 이해했는지를 확인할 수 있었고 심리 상태나 컨디션에 따라 수업 강도를 조절했습니다. 이는 학습 효율을 극대화했고, 멘티의 성적이 많이 올랐습니다. 이후 울산 교육청 교육박람회에 하브루타를 주제로 운영 요원으로 참여하여 다른 학교 선생님들에게 저의 경험을 공유하면서 소통의 의미와 방향성에 대해 확신하게 되었습니다. 이러한 경험은 환자와 공감하고 소통하는 간호사가 되는 데 큰 도움이 되리라 생각합니다. 저는 ○○대학교에서 쌓은 지식을 더 확장하도록 노력할 것입니다. 궁극적으로 쌓은 지식을 사회에 돌려주는 간호사가 되고 싶습니다.

고3 교실과 하브루타

고3 교실의 하브루타 수업에서는 활동지의 역할이 중요하다. 활동지에 수능에 나올 수 있는 주요 개념이나 충분한 설명을 한다. 활동지가 거꾸로 교실의 디딤 영상 역할을 하는 것이다. 수업 이후에도 활동지만 보고도 복습이 이루어지도록 만든다. 고3 교실에서 이뤄진 생활과 윤리 수업은 주로 다음과 같은 절차로 진행했다.

- 교사 강의 : 학습목표를 제시한 후 교사 강의를 실시한다. 단원에 따라 20분 내외가 적당하다. '고3 교실에서 20여 분 만에 수능에 대비할 만큼 충분한 강의를 할 수 있느냐'는 반문을 할 수 있다. 하지만 거꾸로 교실의 디딤 영상도 7분을 넘지 않는

것이 원칙이다. 7분 동안의 동영상을 통해 핵심 내용을 학습
한 후 나머지는 활동을 통해 채우는 것이다. 하브루타 수업도
마찬가지로 아이들이 질문을 만들고 친구를 가르치는 활동
등을 통해서 깊이 있는 학습이 이루어진다.

• 하브루타 : 주로 질문 만들기 하브루타와 친구 가르치기 하브
  루타를 실시한다. 특히 친구 가르치기 하브루타는 주요 개념
  을 명확히 이해하는 데 도움을 준다.

• 기출문제 풀이 : 그 단원의 최근 기출문제를 소개하고 풀이하
  게 한다. 기출문제는 활동지에 포함한다.

이상은 기본적인 고3 교실에서의 수업 방법이다. 하브루타 수업
에서 가장 중요한 교사의 역할은 교사의 말을 줄이고, 아이들이 말
하게 하는 것이다. 한 시간 내내 강의 수업을 한다면 아이들의 입
장에서는 하루에 7~9시간을 듣게 된다. 아무리 중요하다고 강조
하더라도 그 내용을 학생들이 모두 기억하는 것은 불가능하다.
그리고 아이들에게 그 내용을 모두 복습할 시간도 턱없이 부족하
다. 그렇다면 교사의 강의와 아이들의 활동으로 수업을 조각내야
한다. 아이들 입장에선 들은 내용을 정리하고, 재구성하는 과정
을 통해 자연스럽게 복습이 이루어진다. 이는 배운 내용을 오래
기억하게 하고 응용하게 해서 당연히 수능에도 좋은 영향을 미치
게 된다.

수능·모의고사와 하브루타

하브루타 수업을 통해 모의고사와 수능에서 높은 성적을 낸 칠곡고등학교 김연정 선생님(한국지리, 현 대구 유가중학교)의 사례를 소개한다.[2] 김연정 선생님은 하브루타 초기였던 지난 2014년부터 고등학교의 한국지리와 세계지리 수업에 하브루타를 적용했다. 그 결과, 모의고사에서 5~6등급을 받던 학생이 1~2등급을 받기도 했으며, 당시 한 반에서 1등급이 절반 이상 나오는 경이로운 경험을 하기도 했다. 선생님의 수업 절차는 다음과 같으며, 국회 하브루타 수업 사례 발표 동영상[3]에 일부 소개되어 있다.

중학생에서 고2까지 하브루타 수업

- 1단계 학습목표 제시 : 학습목표를 제시하고 수업에서 배워야 할 내용을 소개한다.
- 2단계 1:1 하브루타 : 질문 만들기를 한다. 교사가 제시한 학습 자료를 통해 매시간 5~10개의 질문을 쏟아낸다.
- 3단계 쉬우르 : 교사와 학생이 질문을 주고받는다. 학습목표와 가장 관계 있는 질문 7~8개를 판서한다. 이 과정에서 대부분의 학생은 학습목표에 도달한다.

---

2. 네이버 하브루타 문화협회 카페(김정완 소장 운영), cafe.naver. com/talmudkorea/13416에서 발췌

3. youtube.com/watch?v=m8Hc3uWwWMk

- 4단계 교과서 정리 : 마지막으로 가장 중요한 내용을 교사가 정리한다.

고3 수업에 적용한 방식

- 1단계 학습목표 제시 : 학습목표를 제시하고, 해당 단원의 수능 출제 빈도 및 경향을 설명한다.

- 2단계 주요 개념 제시 : 단원별 주요 개념 및 원리를 5~6개 정도 판서한다.

- 3단계 친구 가르치기 하브루타 : 짝과 함께 소리 내어 공부하고 서로 번갈아가며 설명한다. 짝의 설명이 부족하거나 이해가 안 되는 부분이 나오면 짝에게 질문하고 짝이 설명해준다.

- 4단계 쉬우르 : 한 명씩 교탁으로 나와서 주요 개념을 순차적으로 선생님이 학생에게 설명하듯이 전체 학생에게 설명하게 한다. 오개념이나 잘못된 설명이 나오면 다른 학생에게 설명할 기회를 준다. 재차 학생들의 설명이 틀릴 경우에는 교사가 설명해 제대로 알도록 한다. 이때 교사는 학생들의 설명과 질문을 잘 체크해 무엇을 모르고, 어떤 부분을 어려워하는지 체크하고 피드백한다.

다음은 교육부의 〈행복한 교육〉 2016년 3월호에 실린 김연정 선생님의 하브루타 수업을 위한 4가지 노하우이다.

하브루타로
교과수업을
디자인하다

첫째, 질문 중심의 수업 구성이다. 30분은 하브루타, 20분은 교과 내용 정리를 했다. 하브루타 자료를 주고 30분 동안은 짝과 함께 질문과 대화를 하고(1:1 하브루타), 그중에서 가장 좋은 질문을 교사가 5~6개 선정한 후 교사와 학생들과 함께 하브루타(전체 하브루타)를 했다. 하브루타 주제는 교과서의 사진이나 그림 자료를 활용할 수도 있고 단순히 교과서의 지문 4~5문장을 줄 수도 있다. 나머지 20분은 교과 내용을 요약하고 정리하는 시간으로 학습지 말미에 정리해두었다. 특히 이것은 각종 평가에 활용될 수 있도록 했다.

둘째, 친구 가르치기이다. 1:1로 짝과 함께 소리 내어 친구를 가르치듯이 공부하는 것이다. 말하면서 공부하다 보면 자기가 무엇을 모르는지, 어떤 부분에서 막히는지 스스로 알 수 있다. 이것이 메타인지이다. 메타인지의 활성화로 인한 학습 효과는 기존 강의식보다 9배가 증가하게 된다는 연구 보고가 있다. 또한 친구를 가르치면서 잘하는 학생은 더욱 잘하게 되고, 못하는 학생도 친구에게 배우게 됨으로써 즐겁고 부담 없이 공부할 수 있어 참여도 증가는 물론 학력이 크게 향상될 수 있다. 중요한 개념이 많은 단원이거나 어려운 개념, 혹은 수능에 자주 출제되는 차시의 수업에서는 친구 가르치기를 적극적으로 추천하고 싶다.

교사가 강의식으로 설명하면(대부분의 교과 및 학교에서 그렇듯이) 학생들은 그 순간에만 기억하거나 이해를 하게 되더라도 시간이 지나면 잊어버리는 경우가 대부분이었다. 하지만 친구 가르치기(말하는 공부법)를 통해 학습 효과가 매우 높아졌으며, 그것은 각종 평가에서 결과로 나타나 어떤 학년은 한 반의 50퍼센트가 1 등급의 결과를 가져오는 놀라운 경험도 할 수 있었다. 교사 역시 친구 가르치기 과정을 지켜보면서 학생들이 무엇을 모르는지, 어떤 부분에서 막히는지 알 수 있기 때문에 최고의 피드백이 될 수 있었다.

셋째, 각종 평가에 활용하는 것이다. 하브루타의 핵심인 질문하기 및 말하기를 통해 스피드 게임, 친구 멘토링, 수행평가 등 다양한 형태로 응용할 수 있다. 특히 수행평가의 경우 가장 어렵거나 중요한 교과 주제를 2~3개 선정해 교사 앞에서 설명하게 한다. 학생들은 점수를 잘 받기 위해 오랜 시간 동안 말로 설명하는 연습을 하게 되어 저절로 공부가 되며, 교사는 수행평가 시간에 피드백을 받을 수 있어 더욱 효과적이었다. 고3 수업 혹은 보충 수업, 그리고 중간·기말고사 직전에 적극적으로 활용하기를 추천하고 싶다.

넷째, 창의 활동이다. 수업 시간마다 학생들은 질문을 10개 이상씩 쏟아내고 친구와의 질문과 대화를 통해서도 질문을 많이 하게 되었다. 한 학기 동안 자신이 쏟아낸 질문을 모아 책을 출판한 후, 하브루타 출판 기념회를 하고, 질문을 모아 액자를 만들어 질문 전시회를 하기도 했다. 또한 아나운서 혹은 큐레이터 대본을 만들어 말하기도 했다.

그중에서 가장 기억에 남는 것은 '선생님 따라잡기 경연 대회' 였다. 이 행사는 학생들이 직접 친구들 앞에서 선생님처럼 5분 내

하브루타로
교과수업을
디자인하다

외의 미니 수업을 하는 것이다. 전 과목에서 자신이 설명하고 싶은 개념이나 주제를 정한 다음(예 : 지구 내부 구조, 농구 패스 방법 등) 5분 동안 설명을 하는 것이다. 학생들은 프레젠테이션을 만들어 오기도 하고, 학습지를 만들기도 해서 실제 선생님들보다 더 멋진 모습을 보여 놀라움을 금치 못했다. 가장 좋았던 것은 참여 학생들이나 앉아서 듣고 있던 학생들 모두 무척 즐거워했다는 것이다. 학생들은 이 대회를 통해 공부가 되었을 뿐만 아니라 교사라는 직업을 간접 체험할 수 있는 경험의 장이 되기도 했다. 또한 대내상 수여를 통해 생활기록부에 등재가 될 경우엔 대학 입시에도 큰 이점이 되는 것이다.

입시와 하브루타

하브루타 수업이 대학 입시에 좋은 결과를 낳은 또 다른 사례는 전남 벌교고등학교이다. '하브루타 문화협회'와 에듀동아에 소개된 내용을 발췌해서 소개한다.

현재 3개 학년 15학급 400여 명의 남녀 학생이 재학 중인 이 학교는 학교장(이성렬)의 주도로 하브루타 수업이 확산되었다. 기독교 학교로 학생들에게 신앙교육과 더불어 사고력 신장에 심혈을 기울여왔는데 2015년 하브루타가 사고력 향상에 도움이 된다는 이야기를 듣고 기존의 디베이트와 접목하면 금상첨화가 될 것 같다는 생각에 하브루타에 관심을 갖게 되었다고 한다. 이어 뜻있는 교사들과 함께 하브루타 교사 연수를 실시했으나 수능 시험과의 연계에 의문을 품은 여러 교사의 반발에 부딪히기도 했다고 한다. 하지만 교장이 확신을 갖고 설득한 끝에 하브루타를 학교에서 실시할 수 있게 되었다고 한다.

하브루타의 좋은 점에 대해서 그는 수업 시간에 일단 조는 학생들이 없는데다, 학생들 간에 서로 묻고 답하는 사이에 다양한 시각과, 학생들 간의 협력을 통해 문제를 해결할 수 있다는 점, 교사들은 여유를 갖고 수업에 임할 수 있다는 점, 학생들은 문제를 해결했을 때의 성취감과 자부심 그리고 협동심과 공동체의 중요성을 깨달을 수 있다는 점이라고 설명했다.

2015년 초 하브루타를 처음 시작할 당시 선생님들 사이에서 상당한 고민이 있었다고 한다. 지금까지 강의식 수업에 길들여진 아이들이 과연 얼마나 수업에 적극적으로 참여할 수 있을까? 그러나 이러한 우려는 기우에 불과했다. 시간이 지날수록 아이들은 학습에 흥미를 가지고 적극적으로 참여했다. 강의 중심으로 진행되어 정적만 흐르던 교실이 하브루타를 도입하면서 학생들 중심의 활발하고 적극적인 학생 참여 수업으로 탈바꿈한 것이다.

도입 초기에는 교사들도 마음속 우려가 있었으나 신념을 가지고 정착하기까지 여러 노력이 있었다. 전체 교사들을 대상으로 온라인과 오프라인 교육을 실시해 하브루타에 대한 이론적 개념을 이해하고, 실질적인 수업 적용 사례 나눔을 통해서 기본적인

하브루타로
교과수업을
디자인하다

소양과 기법 등을 터득했다. 학생들에게는 《최고의 공부법, 유대인 하브루타의 비밀》을 구매해서 각 교실마다 20여 권씩 비치해 학생들 스스로 하브루타 교육의 필요성을 공유하게 했다.

　이런 노력은 곧바로 학생들의 우수한 대학 진학 성적으로 연결됐다. 대입 수시 전형 자기소개서에 하브루타 수업에 대해 경험한 것을 소개하거나, 학업 성적을 향상시킨 구체적인 사례를 제시하면 대개 좋은 평가를 받는다는 것이다. 이성렬 교장이 실제로 하브루타 적용 전과 후로 나눠 수도권 소재 대학에 진학한 학생 수의 증감 추이만을 따져봤더니 괄목할 만한 성장이 있었다는 것을 확인할 수 있었다. 주변 중학교의 우수한 인재들이 인근 도시 고등학교를 선호하는 상황에서 시골의 작은 인문계 고등학교에서 최근 3년간 괄목할 만한 성과를 내고 있다는 것은 놀라운 일이다. 벌교고등학교의 하브루타 적용 전·후 수도권 대학 진학 현황은 다음과 같다.

하브루타 적용 전·후 수도권 대학 진학 현황

입시 연도	진학 학생 수	비고
2015	14	하브루타 도입 전
2016	23	하브루타 1년 차
2017	24	하브루타 2년 차
2018	33	하브루타 3년 차

문제 풀이 하브루타로 수능 정복

문제 풀이 하브루타는 고3 교실에서 EBS 교재 등 각종 문제를 친구 가르치기 등의 활동으로 풀이하는 것이다. 대부분의 하브루타 활동은 3학년 1학기까지는 수업에 잘 적용할 수 있다. 하지만 수능을 앞둔 3학년 2학기 활동으로는 적절하지 않다. 이때는 개념 학습의 단계를 넘어 실전 문제 적응력을 키워야 하기 때문이다. 문제 풀이 하브루타는 3학년 2학기 때 수능이나 모의고사 기출문제 풀이, EBS 수능 파이널 문제집 풀이에 효과적인 방법이다.

3학년 2학기가 되면 과목별로 수업에 참여하는 학생이 현저히 줄어든다. 그때부터는 수시 모집에서 내신성적이 반영되지 않기 때문이다. 그리고 수능 최저 등급에 필요한 과목도 전략적으로 선택하므로 필자의 윤리 과목에서 수업 참여 학생은 거의 10명을 넘기지 않는다. 단, 수업에 참여하는 학생들의 집중도는 비교적 높은 편이다. 수시에서 수능 최저 등급이나 정시를 위해 필요한 과목이기 때문이다. 필자는 1:1 토론 방법으로 수능 1~2일 전까지 문제 풀이 하브루타를 한다.

강의 수업에서 문제 풀이는 학생들이 일괄적으로 문제를 푼 후, 교사가 설명한다. 하지만 어떤 문제는 교사 풀이가 거의 필요 없으며, 어떤 문제는 오랜 설명이 필요하다. 또한 학생들 입장에서 이미 알고 있는 문제 풀이를 할 때는 집중하지 않는다. 이에 필자는 다음과 같은 방법으로 학생들이 자기 주도적으로 문제를 풀게 한다. 그리고 친구 가르치기와 논쟁을 한 후, 교사 최종 설명을 통해 깊이 있는 이해를 돕는다.

- 개별 풀이 : 20문제에 대해 보통 20~25분간 개별 풀이를 하게 한다. 수능에서는 30분이 필요하지만, 일반적으로 수능보다 난이도가 낮고 집중력을 높이기 위해서이다

- 정답 맞히기 : 짝과 1번부터 20번까지 정답을 맞추어 본다. 답이 서로 일치할 경우에는 다음 문제로 넘어간다.

- 친구 가르치기 : 서로의 답이 일치하지 않을 경우 정답을 아는 학생이 친구 가르치기를 한다. 1:1 과외나 마찬가지이므로 모르는 학생의 이해를 돕는다. 설명하는 학생의 입장에서도 더욱 깊이 있는 공부가 이루어진다.

- 논쟁 : 답이 다르고, 각자의 입장이 명확할 때는 각자 자신이 답을 선택한 이유를 설명하고 논쟁한다.

- 해설지 확인 : 논쟁에도 불구하고 정답이 도출되지 않으면 해설지를 확인한다. EBS 교재의 해설은 지나칠 정도로 자세하다. 답에 대한 논쟁 이후 해설지를 확인하게 되면 왜 틀렸는지 명확하게 알 수 있다. 이는 교사의 설명보다 훨씬 효과적인 경우가 많다.

- 교사 설명 : 마지막 단계에서 팀별로 가장 어려웠거나 보충 설명이 필요한 문제를 1~2문제 말하게 한다. 교사는 문제 번호를 판서한다. 중복된 문제를 빼면 4~5문제만 남게 된다. 교사

는 이 문제에 대해 깊이 있는 설명을 한다.

친구 가르치기로 EBS 문제집 풀이

대입에서 수시의 비율이 높지만, 정시나 최저 기준의 영향으로 여전히 수능에 대비하기 위한 문제집 풀이가 고등학교 교실에서 이루어지고 있다. 필자가 고3 교실의 방과 후 수업에서 EBS 수능 특강을 친구 가르치기로 풀이한 방법을 소개한다. 기존에 교사가 풀이하는 것을 학생들이 설명하게 하는 방법이다. 이 방법을 통해 문제 풀이를 담당한 학생은 자신이 맡은 문제에 대해 깊이 있는 공부를 할 수 있고, 다른 학생들은 친구들이 이해한 방식을 배울 수 있다. 문제 풀이 하브루타가 3학년 2학기에 적합한 방법이라면, 이 방법은 선택 과목이 명확히 정해져 있지 않은 3학년 1학기에 적합하다.

- 개별 풀이 : EBS 교재에서 4문제를 풀이하게 한다.
- 친구 가르치기를 할 학생 지명 : 3분 정도 풀게 한 후 친구 가르치기를 할 학생을 선정한다. 풀이할 문제 수에 해당하는 학생을 선정한다. 선정하는 방법은 각 모둠의 첫 번째 학생, 모둠에서 머리카락이 제일 긴 학생, 모둠에서 등교 시간에 제일 오래 걸리는 학생 등으로 할 수 있다. 다음 풀이에서 다른 모

둠의 학생들을 지명하면 골고루 기회를 부여하게 된다.

- 친구 가르치기를 할 학생 준비 : 지명된 학생들은 1~2분 동안 친구 가르치기를 위한 준비를 한다. 이때 문제집의 해설을 볼 수도 있고, 모둠원이나 선생님에게 도움을 구할 수도 있다. 다른 학생들은 문제를 계속 풀이한다.

- 친구 가르치기 : 지명된 학생은 앞에 나와서 교사가 풀이하듯 친구들에게 설명한다. 경우에 따라서 질문이 오갈 수도 있다. 풀이한 학생의 설명이 부족한 경우 교사가 보충 설명을 통해 마무리한다.

아이들이 웃는다, 배움이 즐겁다

설민석은 뛰어난 강사다. 강의만으로도 충분히 청중들을 집중하게 한다. 하지만 모든 교사가 그렇게 될 수 없다. 아이들이 수업에 집중하길 바라는 건 모든 교사의 소망이다. 그러나 유머, 개인기, 열강만으로 지속적으로 집중하게 하기는 어렵다.

필자도 초임 시절 부임했던 중학교에서는 유머로 아이들을 집중시켰는데 그게 통했다. 아이들의 웃음소리를 남기고 교실을 나올 때는 흐뭇했다. 나중에 일반계 고등학교로 옮긴 후 오랫동안 내 말로만 수업을 채웠다. 얼마 지나지 않아 마이크를 사용해야 수업할 수 있었고, 그 기간 잠자는 교실이 사회 이슈가 되기도 했다.

이제 하브루타를 시작한 지 3년 반이 지났다. 마이크가 필요 없어졌고, 아이들은 다시 수업에서 웃고 있다. 내가 웃기지 않았는

데 자기들끼리 웃는다. 그것도 수업과 관련된 대화를 하면서 웃는다. 아이들을 수업에 집중하게 하고, 수업에서 웃게 하는 방법이 있다. 교사가 설민석처럼 말할 수 없다면 아이들이 '말하게' 하면 된다.

이제까지 많은 학생이 시험을 잘 보기 위해서 공부를 했다. 그래서 혼자 조용히 듣고, 외우고, 시험을 보고, 잊어버리는 일이 반복되었다. 공부 잘하는 학생과 못하는 학생의 차이는 공부 잘하는 학생은 시험을 본 후 잊어버리고, 못하는 학생은 시험 전날에 잊어버린다는 우스갯소리가 있을 정도이다.

이제 하브루타를 통해 아이들이 수업에서 질문하고, 말하고, 논쟁하게 해야 한다. 이를 통해 더 이상 시험 보고 나면 아무 소용없는 지식이 아닌, 지적 호기심을 통해서 배운 내용을 삶과 연결하고 함께 문제를 해결하는 공부가 되어야 한다.

어느 관광 가이드가 관광객을 〈모나리자〉 그림 앞으로 안내했다. 풍부한 전문 지식과 열정을 다한 설명, 매끄러운 달변으로 설명하는데 한 사람이 소리쳤다.

"좀 비키세요. 그림 좀 가리지 말고."

교사의 역할에 대해 생각하게 하는 말이다. 나의 설명이 수업의 본질인 배움을 가로막고 있는 건 아닌지를 돌아봐야 한다. 배움이 가르침으로만 가능한 시기가 있었다. 하지만 모든 지식이 손바닥 위에 있는 지금, 더 이상 배움은 교사의 가르침만으로 가능하지 않다.

(　　　　)는 내비게이션이 아니다.

나침반이다.

(　　) 안에는 다양한 단어가 들어갈 수 있다. 부모도 여기에 해당한다. 필자는 '교사'를 넣고자 한다. 수업 시간에 교사는 나침반이어야 한다. 내비게이션의 장점은 편하다는 것이다. 하지만 지나치게 말이 많다. 그리고 생각하지 않게 해서 내비게이션에게만 의존하게 만든다. 결국, 내비게이션이 없으면 먼 길을 갈 수 없게 되는 것이다.

삶은 먼 길과 같다. 교사의 내비게이션에 학생들을 익숙하게 만들어서는 안 된다. 교사는 나침반이 되어야 한다. 수업에서 방향만 제시하고 나머지는 학생들이 스스로 찾아가게 해야 한다. 때로는 먼 길로 돌아갈 수도, 때로는 헤맬 수도 있다. 하지만 이 모든 것은 스스로 걸어갈 힘을 키우기 위한 과정이다. 강의식 수업은 내비게이션이다. 지식을 처음부터 끝까지 교사의 입을 통해 전달한다. 반면, 하브루타는 나침반이다. 질문과 대화를 통해 스스로 길을 찾게 한다. 배움의 즐거움을 알게 하는 것이다.

생텍쥐페리는 "배를 만들게 하고 싶거든 바다에 대한 동경심을 심어줘라"라고 말했다. 나에게는 꿈 너머 꿈이 생겼다. 바로 우리 수업 문화를 바꾸는 데 작게나마 도움이 되는 것이다. 이제 하브루타는 단순한 수업 방법이 아니라 문화이다. 수업 내내 교사가 혼자 말하는 문화에서 아이들이 질문하고 말하는 문화로 바뀌어

하브루타로
교과수업을
디자인하다

야 한다. 나는 수업에서 시작해 책과 강의를 통해 꾸준히 노력하고 있다. 물론 이 여정에 전국에 많은 선생님이 함께하고 있다.

이 책이 아이들에게 바다를 동경하게 하고, 수업에서 나침반이 되고자 하는 많은 선생님에게 작은 도움이 되기를 바란다.

참고 문헌

강성태, 《강성태 66일 공부법》, 다산4.0, 2016

고도원, 《꿈 너머 꿈》, 나무생각, 2007

고중숙, 《중학 수학 바로 보기》, 텔림, 2013

권문정·채명희, 《하브루타 질문 놀이터》, 경향BP, 2017

권순현, 《강의하지 말고 참여시켜라》, 즐거운학교, 2015

김정완, 《질문 잘하는 유대인 질문 못하는 한국인》, 한국경제신
문사, 2018

김판수·최성우·양환주, 《메타인지와 말하는 공부》, 패러다임
북, 2017

김현섭, 《질문이 살아 있는 수업》, 한국협동학습센터, 2015

김혜경, 《하브루타 부모 수업》, 경향BP, 2017

김혜경, 《하브루타 질문 독서법》, 경향BP, 2018

도로시 리즈, 《질문의 7가지 힘》, 노혜숙 옮김, 더난출판사,
2016

메리 올리버, 《휘파람 부는 사람》, 민승남 옮김, 마음산책, 2015

배리 리버트·존 스펙터, 《나보다 똑똑한 우리》, 김정수 옮김,
럭스미디어, 2010

사이토 다카시, 《질문의 힘》, 남소영 옮김, 루비박스, 2017

서상훈·유현심, 《하브루타 일상 수업》, 성안북스, 2018

하브루타로
교과수업을
디자인하다

양경윤,《교실이 살아 있는 질문 수업》, 즐거운학교, 2016

양동일·김정완,《질문하고 대화하는 하브루타 독서법》, 예문출판사, 2016

양동일·이성준,《'말하는' 역사 하브루타》, 한국경제신문, 2018

양동일·전성수,《질문하는 공부법, 하브루타》, 라이온북스, 2014

유동걸,《질문이 있는 교실》, 한결하늘, 2015

이민경,《거꾸로 교실, 잠자는 아이들을 깨우는 수업의 비밀》, 살림터, 2015

이성일,《애들아, 하브루타로 수업하자!》, 맘에드림, 2017

이어령,《생각 깨우기》, 푸른숲주니어, 2009

이호선,《질문이 답이다》, 청림출판, 2007

임재성,《미래 자서전으로 꿈을 디자인하라》, 랜덤하우스코리아, 2011

장성애,《영재들의 비밀 습관 하브루타》, 매일경제신문사, 2016

전성수,《부모라면 유대인처럼 하브루타로 교육하라》, 예담friend, 2012

전성수,《자녀교육 혁명 하브루타》, 두란노, 2012

전성수,《최고의 공부법》, 경향BP, 2014

전성수·고현승,《질문이 있는 교실, 중등편》, 경향BP, 2015

조극훈,《가다머가 들려주는 선입견 이야기》, 자음과모음, 2006

조벽·최성애,《청소년 감정코칭》, 해냄출판사, 2012

존 버그만·애론 샘즈, 《거꾸로 교실, 진짜 배움으로 가는 길》, 정찬필·임성희 옮김, 에듀니티, 2015

토니 와그너, 《이노베이터의 탄생》, 고기탁 옮김, 열린책들, 2013

하브루타수업연구회, 《하브루타 수업 이야기》, 경향BP, 2017

헤츠키 아리엘리·김진자, 《탈무드 하브루타 러닝》, 국제인재개발센터, 2015

헨리 뢰디거·마크 맥대니얼·피터 브라운, 《어떻게 공부할 것인가》, 김아영 옮김, 와이즈베리, 2014

황경숙 외, 《질문과 이야기가 있는 행복한 교실》, 매일경제신문사, 2016

EBS 〈최고의 영어교사〉 제작팀, 《최고의 영어교사, 중·고등편》, 블루앤트리, 2013

삶과 교육을 바꾸는
맘에드림 출판사 교육 도서

교사는 수업으로 성장한다

박현숙 지음 / 값 12,000원

그동안 교사는 수업에서 아이들을 만나지 못해왔다. 관계와 만남이 없는 성장의 결손을 낳았다. 이 책에서는 교사, 학생, 학부모, 지역사회가 공동체로서 서로 관계를 맺을 때에만 배움은 즐거운 활동으로서 모두가 성장하는 삶의 일부가 될 수 있음을 보여준다.

수업 딜레마

이규철 지음 / 값 14,000원

이 책을 관통하는 키워드는 '사람'이다. 저자의 노하우를 전수하는 것이 아니라, 수업 속에서 딜레마에 맞닥뜨려 고통 받고 있는 선생님들의 고민, 신념을 담고, 그것을 이겨내기 위한 한 분 한 분의 마음을 담고 있다. 이 책은 다시 한 번 교사로 잘 살아보고 싶은 도전을 하게 한다.

엄선생의 학급운영 레시피

엄은남 지음 / 값 14,000원

34년 경력의 현직 교사가 쓴 생동감 넘치는 학급운영 지침서. 초등학교에서 아이들은 문자와 숫자를 익히는 것보다 학교와 교실에서 낯설고 모험적인 사건을 겪으면서 더 많은 것을 배운다. 이 책은 초등학교에서 교과서 지식보다 더 중요한 학교생활과 학급문화를 만드는 담임교사의 역할을 다룬다.

수업 디자인

남경운 · 서동석 · 이경은 지음 / 값 15,000원

서울형 혁신학교의 대표적인 수업 혁신을 담은 이야기. 아이들이 서로 협력하면서 배우는 수업을 목표로 삼은 저자들은 공동 수업설계를 대안으로 제시한다. 아이들은 서로 '옥신각신'하며 함께 문제에 도전할 때 수업에 몰입하고 배우게 된다. 이 책은 이러한 수업을 어떻게 만들어가는지 잘 보여준다.

땀샘 최진수의 초등 수업 백과

최진수 지음 / 값 21,000원

초등학교에서 20여 년간 아이들을 가르쳐온 저자가 초등학교 수업에 대해서 기록하고 연구하고 실천하며 쌓아온 경험을 바탕으로 초등학생들과 수업을 함께하는 방법을 담고 있다. 초등학교 교사가 아이들을 가르칠 때 알아야 할 가장 기본적이면서도 가장 중요한 모든 것을 다루고 있다.

교실 속 비주얼씽킹

김해동 지음 / 값 14,500원

이 책은 비주얼씽킹 기본기부터 시작하여 교과별 수업, 생활교육, 학급운영 등에 비주얼씽킹을 응용하는 방법을 설명하고 있다. 특히 교사들이 초등학교 1학년부터 고등학교 3학년까지 국어, 수학, 영어, 과학, 사회 등 모든 교과 수업에 비주얼씽킹을 활용할 수 있도록 수업 지도안을 상세하면서도 간결하게 제시하고 있다.

수업, 놀이로 날개를 달다

박현숙 · 이응희 지음 / 값 13,500원

교육계에서 최근 가장 중요한 과제로 삼고 있는, OECD의 여덟 가지 핵심 역량(DeSeCo)에 따라 여러 놀이들을 분류해서 설명하고 있다. 이 책의 저자들은 수업이 놀이를 만났을 때 어떻게 핵심 학생들의 핵심 역량이 강화되는지 이야기하고 있다.

수업 코칭

이규철 지음 / 값 15,500원

가르치는 일을 함으로써 학생들의 배움을 돕는 교사들에게 수업은 시간적으로도, 공간적으로도 학교에서 자신이 하는 일의 중심을 이룬다. 그래서 수업에 관한 고민은 교과를 가리지 않고 교사들에게 일반적으로 드러난다. 이 책은 그중에서도 '수업 코칭'이라는 하나의 흐름을 다룬다.

교사들이 함께 성장하는 수업

서동석 · 남경운 · 박미경 · 서은지,
이경은 · 전경아 · 조윤성 지음 / 값 15,000원

이 책은 배움 중심 수업을 위해 서로 다른 여러 교과 교사들이
수업을 디자인하고 연구하는 '수업 모임'에 관해 다룬다. 수업 모임
교사들은 함께 교과 수업을 디자인하고, 참관하고, 발견한 내용을
공유하고 평가하는 피드백을 통해 수업을 개선해간다.

땀샘 최진수의 초등 학급 운영

최진수 지음 / 값 19,000원

이 책의 저자는 학급운영의 출발은 아이들을 '가르치는 대상'에서
'존중받는 존재'로 바라보는 것에서 시작해야 한다고 이야기한다.
또한 아이들과 함께하면서 교사는 성장한다. 이러한 성장은 교사
스스로 자신을 되돌아보고 성찰할 때 비로소 이루어지며, 그 결과
올바른 학급운영이 이루어진다고 이 책은 말한다.

얘들아, 하브루타로 수업하자!

이성일 지음 / 값 13,500원

최근에는 교사 위주의 강의 수업에서 학생 위주의 참여 수업으로
많은 변화가 이루어지고 있다. 이는 4차 산업혁명 시대를 살아가야
할 학생들을 위해서는 당연한 것이다. 교실에서 실제로 질문하고,
토론하는 하브루타 참여 수업의 성과를 담은 이 책은 수업을
통하여 점점 성장해가는 아이들의 모습을 보여준다.

핵심 역량을 키우는 수업 놀이

나승빈 지음 / 값 21,000원

이 책은 [월간 나승빈]으로 유명한 나승빈 선생님의 스타일이
융합된 놀이책이다. 이 책은 교실에 갇혀 넘치는 에너지를
발산하지 못하는 아이들과, 단순한 재미를 뛰어넘어 배움이 있는
수업을 고민하는 선생님을 위한 것이다. 본문에서는 수업 속에서
실천이 가능한 다양한 놀이를 제시하고 있다.

교실 속 비주얼 씽킹 (실전편)

김해동 · 김화정 · 김영진 · 최시강,
노해은 · 임진묵 · 공세환 지음 / 값 17,500원

전 편이 교과별 수업, 생활교육, 학급운영 등에 비주얼씽킹을
응용하는 방법을 이론적으로 설명했다면, 《교실 속 비주얼씽킹
실전편》은 실제 초 · 중 · 고 학생을 대상으로 수업을 진행한
교사들의 활동지를 담았다.

수업 고민, 비우고 담다

김명숙 · 송주희 · 이소영 지음 / 값 15,500원

이 책은 수업하기의 열정을 잃지 않고 수업 보기를 드라마 보는
것만큼 재미있어 하는 3명의 교사가 수업 연구에 대한 이론적
체계가 아닌, 현장에서의 진솔한 실천 과정을 순도 높게 녹여낸
책이다. 이 속에는 자신의 교실을 용기 있게 들여다보며 묵묵히
실천적 연구자로 살아가는 선생님들의 고민과 성장이 담겨 있다.

색카드 놀이 수학

정경혜 지음 / 값 16,500원

몸짓과 색카드로 초등학교 1학년부터 6학년까지 배우는 수와
연산을 익힐 수 있도록 가르치는 방법을 다룬다. 즉, 색카드, 수
놀이, 수 맵, 몸짓 춤, 스토리텔링, 놀이가 결합되어 아이들이 다양한
감각을 통해 몸으로 수학의 개념과 원리를 터득하게 하는 것이다.
놀이처럼 수학을 익히면서 개념과 원리를 터득해나갈 수 있다.

영화 만들기로 창의융합 수업하기

박현숙 · 고들풀 지음 / 값 13,000원

창의융합 수업의 좋은 사례로서 아이들과 영화를 만든 이야기를
담았다. 시나리오, 콘티, 촬영, 편집과 상영까지 교과의 경계를 넘나
드는 영화 만들기 수업 속에서 아이들은 다양한 역량을 발휘하며
훌쩍 성장한다. 학생들과 영화 동아리를 운영한 사례들도 담겨 더
욱 깊이 있는 노하우를 얻을 수 있다.

톡?톡! 프로젝트 학습으로 배움을 두드리다

최미리나 · 이성준 · 김지원 · 조수지 · 심혜민 지음 / 값 19,500원

이 책은 학생들이 흥미를 느끼는 주제로 탐구 활동을 진행해 배움의 진정한 즐거움을 발견하고, 나아가 한층 더 깊은 탐구로 이어지는 선순환이 가능한 프로젝트 수업을 위한 거의 모든 것을 다룬다. 이 책을 통해 의미 있는 프로젝트 수업을 만들어갈 수 있는 다양한 아이디어를 얻을 수 있을 것이다.

주제와 감수성이 살아나는 공감 수업

김홍탁 · 강영아 지음 / 값 16,000원

교육의 본질은 수업이며, 학생들은 수업에서 삶을 배워야 한다. 저자들은 그 연결 고리를 '공감'으로부터 찾아냈다. 역사와 정치, 민주주의를 관통하는 주제가 살아 있는 수업, 타인과 사회를 공감하는 수업을 통해 아이들은 성숙한 민주시민으로 성장해나갈 것이다.

나쌤의 재미와 의미가 있는 수업

나승빈 지음 / 값 21,000원

이 책의 저자는 '재미'와 '의미'를 길잡이 삼아 수업의 길을 뚜벅뚜벅 걸어가고 있다. 책 속에서 제안하는 다양한 재미있는 활동들을 통해 학생들을 좀 더 적극적으로 배움의 세계로 초대하고, 학생들은 자유롭게 생각을 펼쳐나갈 것이다. 아울러 그러한 생각들은 깊이 있는 토론을 통해 의미 있게 확장해나갈 것이다.

하브루타 수업 디자인

김보연 · 교요나 · 신명 지음 / 값 16,000원

저자들은 이 책에서 하브루타를 하나의 유행이 아니라 시대의 흐름으로 보면서, 하브루타가 문화로 자리 잡아야 한다고 주장한다. 이 책은 질문과 대화가 인간의 모든 지적 활동에서 핵심적인 역할을 한다는 저자들의 믿음을 바탕으로 집필되었다. 아울러 학교생활뿐 아니라 가정에서도 하브루타를 실천하기 위한 재미있고 다양한 방법들을 제시한다.

프로젝트 수업으로 배움에 답을 하다
김 일 · 조한상 · 김지연 지음 / 16,500원

이 책은 중학교와 고등학교 교육에서 프로젝트 수업을 적용해서
실천한 내용을 담고 있다. 교육과정을 재구성하고, 성취기준에
따라 다양한 방식으로 평가하고, 마지막으로 학생부에 기록을
남기는 방법까지 실제 사례를 통해 상세히 설명한다.

초등 온작품 읽기
로고독서연구소 지음 / 값 15,500원

한 학기에 책 한 권을 읽는 수업을 통해 아이들에게 하나의 작품을
온전히 읽음으로써 깊게 성찰할 수 있는 기회를 제공해줄 수
있다. 이 책은 온작품 읽기를 통해 학생 중심, 활동 중심의 수업을
어떻게 디자인해야 하는지와 함께 다양한 독서 수업 방법을 상세히
설명해준다.

초등 상담 새로 고침
심경섭 · 김태승 · 박수진 · 손희정 · 김성희 ·
김진희 · 남민정 · 박창열 지음 / 값 16,000원

학교 현장에서 아이들의 부적응이나 문제행동을 고민하지 않는
교사는 거의 없다. 이 책은 이러한 문제에 대한 해결책을 찾는
교사의 상담 지혜를 다룬다. 특히 문제 상황에 따른 원인을
분석하고 명확한 가이드라인을 제시한다. 이는 교실 현장에서
발생하는 거의 모든 문제 상황에 적용될 수 있다.

교사의 말하기
이용환 · 정애순 지음 / 값 15,000원

이 책은 말하기 기술을 연마하기에 앞서 말하고자 하는 상대에
주목해야 함을 강조한다. 그리고 무심코 내뱉은 말 한 마디로
학생들이 얼마나 큰 상처를 입을 수 있는지 경계한다. 아울러
교사의 말이 학생을 성장시키고 나아가 교사 자신까지 성장시키는
엄청난 힘을 발휘한다는 것을 강조한다.

생각하는 교실, 철학하는 아이들

한국 철학적 탐구공동체 연구회 지음 / 값 16,000원

공동체의 유지와 발전을 위해서는 합리적일 뿐만 아니라 합당한
판단을 할 수 있는 시민이 필요하다. 이것은 구성원들의 고차원적
사고와 숙의를 통해서만 달성될 수 있다. 철학함은 생각과 숙의의
기반이 된다. 이 책은 모든 학교 수업을 통해 아이들이 철학하는
역량을 어떻게 키울 수 있는지를 보여준다.

교실 속 유튜브 수업

김해동 · 김수진 · 김병련 지음 / 값 15,500원

교실에서 이뤄지는 유튜브 수업은 학생들을 단지 미디어
수용자에서 참여자로, 소비자에서 생산자로 자리매김할 기회를
준다. 이 책은 이를 위한 충실한 안내자로서 주제, 유튜브, 스토리,
촬영, 편집, 제작, 홍보에 이르기까지 거의 모든 과정을 다룬다.

영어 수업 놀이

가인숙 지음/ 값 21,000원

이 책은 놀이를 매개로 쉽고 재미있게 영어를 가르치는 저자의
풍부한 노하우를 담고 있다. 특히 어떻게 하면 놀이를 가르쳐야 할
핵심내용과 잘 연결시킬지에 초점을 맞춰 수업 놀이를 이야기한다.
수업 계획과 실천에 관한 전체적인 디자인은 물론 파닉스, 말하기,
듣기, 쓰기, 문법 등에 관한 다양한 놀이 활동들을 소개한다.

프로젝트 수업으로 교육과정을 다시 디자인하다

기애경 · 조은아 · 송영범 · 김성일 · 옥진우 · 한난희 지음 /
값 17,000원

이 책은 일회성 이벤트가 아니라 교실에서 항시적으로 실천할 수
있는 지속 가능한 프로젝트 수업 방식을 제안한다. 무엇보다 실제
교육과정에 기반한 프로젝트 수업을 제안하고 있다. 특히 기존 교
육과정에서 제안하는 수업 주제를 바탕으로 학생들의 자발적 탐구
를 가능케 하는 질문들을 이끌어내는 것에 주목한다.

나의 첫 교육과정 재구성

민수연 지음 / 값 13,500원

1년 동안 아이들과 교사가 함께 행복한 교실을 만들어나간 기록들이 담겨 있다. 교육의 본질과 교사의 역할, 교육관과 인간 본성에 관한 철학적 고민부터 구체적 방법론, 아이들의 참여와 기쁨에 이르기까지 교육과 관련된 다양한 요소가 버무려져 마치 한 편의 드라마 같다.

독자 여러분의 소중한 원고를 기다립니다

맘에드림 출판사는 독자 여러분의 소중한 원고를 기다리고 있습니다. 원고가 있으신 분은 momdreampub@naver.com으로 원고의 간단한 소개와 연락처를 보내주시면 빠른 시간에 검토해 연락을 드리겠습니다.